漂泊在神州邊陲的詩魂

台灣新詩人詩刊詩社

陳 福 成 著

文 學 叢 刊
文史哲出版社印行

國家圖書館出版品預行編目資料

漂泊在神州邊陲的詩魂：台灣新詩人詩刊詩社 / 陳福成著. -- 初版 -- 臺北市：文史哲出版社, 民 111.04
頁；　公分 --（文學叢刊；455）
ISBN 978-986-314-596-7（平裝）

1.CST：新詩　2.CST：詩評

863.21　　111004705

文學叢刊 455

漂泊在神州邊陲的詩魂

台灣新詩人詩刊詩社

著　者：陳　福　成
出版者：文史哲出版社
http:// www.lapen.com.tw
e-mail：lapen@ms74.hinet.net
登記證字號：行政院新聞局版臺業字五三三七號
發行人：彭　正　雄
發行所：文史哲出版社
印刷者：文史哲出版社
臺北市羅斯福路一段七十二巷四號
郵政劃撥帳號：一六一八〇一七五
電話886-2-23511028・傳真886-2-23965656

定價新臺幣四六〇元

二〇二二年（民一一一年）四月初版

ISBN 978-986-314-596-7　　10455

序：漂泊在神州邊陲的詩魂

——台灣新詩人詩刊詩社

接續《流浪在神州邊陲的詩魂—台灣新詩人詩刊詩社》一書，介紹了十個詩刊詩社及其同仁作品，已於二〇二二年二月，由台北文史哲出版社發行出版。一上市就受到兩岸詩壇關注，熱烈回響，今接續再推出本書，介紹另十個詩刊詩社，這十家是：

第一篇《野薑花詩集》詩社

葉莎、許勝奇、靈歌、江明樹、季閒、喜菡、千朔、雪赫。

第二篇《有荷》文學雜誌

喜菡、王希成、綠豆、曾元耀、謝予騰、黃木擇。

第三篇《藍星》詩社

夏菁、鄧禹平、阮囊、商略、吳望堯、黃用、方莘、張健、敻虹。

第四篇《葡萄園》詩刊㈠吳明興主編時期

吳明興、王在軍、文曉村、宋后穎、金筑、張太士、張朗、曾美玲、詩薇、魯松、鍾銘樑、謝輝煌。

第五篇《葡萄園》詩刊㈡台客主編時期

台客、王碧儀、王詔觀、晶晶、杜紫楓、花甲白丁、洪守箴、筱華、楊火金、關雲。

第六篇《秋水》詩刊㈠涂靜怡時代

涂靜怡、雪柔、麥穗、一信、藍雲、劉菲、薛林、藍海文、心笛、張朗、彭捷、胡品清。

第七篇《秋水》詩刊(二)綠蒂時代

綠蒂、子青、梅爾、浪花、曾美霞、徐享捷、劉曉頤、靈歌、周志強、魯竹、吉狄馬加、陳義芝。

第八篇《谷風》詩報雜誌社

關雲、莫野、王碧儀、宋后穎、晶晶。

第九篇《三月詩會》：詩壇上的無政府組織

林紹梅、俊歌、采言、狼跋、蔡信昌、文林、傅予、陳福成。

第十篇《大人物詩友會》：一個鬆散聯盟

范揚松、莊雲惠、吳明興、方飛白、陳福成。

以上是接續《流浪》一書十家詩刊詩社，再推出這本《漂泊》也是十家詩刊詩社。共已介紹了二十家詩刊詩社及其同仁作品，每個詩社的存在，短者數年，長者超過半世紀，其組成同仁經常會有變動。因此，我書的介紹也只能是一個簡要的抽樣，與現代中國兩岸文壇詩界分享邊陲詩魂的華彩。

台北公館蟾蜍山　萬盛草堂主人　陳福成　誌於
佛曆二五六五年　西元二〇二二年春節

漂泊在神州邊陲的詩魂
——台灣新詩人詩刊詩社

目次

第一篇 《野薑花詩集》詩社

《野薑花詩集》詩社，原為高雄市旗山一個社區讀書會，成為因為喜歡現代詩，更因在臉書集結一群喜歡現代詩夥伴。

二〇一二年三月，大家進而成立《野薑花雅集》詩社，二〇一三年十二月更名《野薑花詩集》詩社，成員北到南至國外都有。詩社的宗旨是：寫中學，學中寫，相互學習，共同成長，一如野薑花特性，不單株成長。按筆者手上第十一期（民103年12月出刊），他們同仁組織：

社長：許勝奇（浮塵子）

副社長：林智敏（靈歌）

顧問：蕭蕭、喜菡、陳謙、劉正偉、顏艾琳、鍾順文、黃伯川

編輯委員：江明樹、許勝奇、靈歌、千朔

採訪組長：葉莎

同仁：江明樹、許勝奇、江文兟、林瑄明、黃辛蝶、葉莎、季閒、楊國耀、陳予慧、陳福氣、坦雅、雪赫、龍妍、曉智、方飛白、蔡雨揚、卡夫（杜文賢）、心閑牽風、靈歌、魑魅魍魎、黃文傑、閑芷、張家齊、曼殊沙華、陳晞哲、王婷、千朔。

本篇欣賞葉莎、許勝奇、靈歌、江明樹、季閒、喜菡、千朔、雪赫等詩家作品。

葉莎

最後的孤戀——台灣萍蓬草

當牡丹已富貴
菊隱逸，蓮花成為君子
只有她的名字
一種飄盪無依的暗示
一座橋找不到對岸
一顆石不曾發言

一個水池缺了半圓
我說，瀕危是一種力量
浮水葉，裂開虛勝利的笑

若你執意哼唱一曲孤戀花
記得放低音量，不要
讓萍蓬草聽見自己的憂傷

註：台灣萍蓬草浮水葉近於圓形，基部有一個V形的缺刻，列為台灣瀕危植物。

常看到葉莎發表的作品，她很善於打破一般現成構句，製造新句，如「牡丹已富貴、菊隱逸、蓮花成為君子」，或「虛勝利的微笑」。她也善於創造有趣並破壞定律的意象，如「一座橋找不到對岸、一顆石不曾發言」，十足的趣味與聯想。

但橋找不到對岸，一顆石不發言，和萍蓬草瀕危有什麼關係？橋到不了對岸是「危橋」，也是瀕危；石和草，也都不會自己發言，靠詩人發言。賞讀〈看橋〉。

夏日，看橋
橋上影影綽綽
華燈結伴，星星初上
一些，近
一些，遠

秋日，看橋
橋下大漢溪無聲
緩緩流動一片寂寞燈影
一盞，此生
一盞，詩

輕輕揮手，手心沾滿月色

感覺「詩中有畫、畫中有詩」，且詩畫之中還有不少空靈處，好叫讀者自己去想像，這是葉莎作品的特色。可能緣於她也善於攝影，很會經營畫面。

這首詩呈現春秋兩季的看橋景觀，春天遠近都熱鬧。秋天則顯孤寂，氣氛蕭索，一盞笑燈形容人生，一盞是詩，也是孤獨，又滿懷鄉愁。啊！人生，千山獨行！

許勝奇

樹木情懷

如果可以
我願意選擇在山林間與你一同呼吸
單葉或羽狀複葉，在吞吐之間
在清明與混濁之間，在我們之間綿長
又細緻的相融，空出左心房大冠鷲盤旋
右肺葉枝枒橫生，於迷濛的月色下與黃嘴角鴞
靈犀相通，那時會有莫氏樹蛙在腹腔
相和，與螽斯鳴唱月光小曲

曾經，我們固執的腳站成一根釘子，粗壯胸膛
被踞成歷史的碎末，被蹂躪的鬆垮的我們的母土
愛與恨交揉成土石流與我們同在
落葉，是酸澀、苦楚的往事。或者

仍懷抱詩情張開雙臂承接雨露，於晨光綻放時奮力寫詩
維管束輸送文字，晶瑩剔透綠色眼瞳，開出思想的花朵
我們都是泥土形塑的，水為內容物，光的幻影
渴望與野鳥在天上飛，卻看見自己的倒影與月亮同在

歲月，讓我們髮梢充滿風情。飄零是很輕的
很輕、很輕的記憶，像一朵浮雲、像一隻藍腹鷴優雅
的走過我們身旁。那些懸鉤子恣意的在我們身旁圍繞
糾纏。向來我們只昂首一顆紅太陽，從來不為腳邊的
野草莓。驕傲的在天地之間，清明塵世的混沌
這是個野火燎原的時代，被燒破的天
只有我們的皮膚、指間、髮梢悄悄的
悄悄的斜出那一抹綠，驚入眼簾

身為一棵樹，最大的遺憾是不能走、不能飛，一輩子千百年守著一個孤單的陣地，直到地老天荒，最後老死。因此，一棵樹最大的願望，是渴望與野鳥在天上飛。但飛上天後，卻又看見自己立在原地的倒影，還是飛不起來，還是慨嘆！這是樹木

情懷吧！

但每個物種都有可以驕傲的戰略優勢，鳥能飛上高空，魚能海底潛行，人沒有這種能力（除非有工具）。植物的驕傲是產生氧氣，維持地球眾生的生命。所以「向來我們只昂首一顆紅太陽，從來不為腳邊的／野草莓／驕傲的在天地之間……」。

人類對地球環境造成重大破壞，社會和政治之動亂，強權霸凌弱小之國的不義之戰，樹木也感受到了。「這是個野火燎原的時代，被燒破的天……」。當然，這一切都不是樹的表達，樹無意識（就算有人類也不知道）。樹木情懷，正是詩人情懷，詩人面對這五濁世界，所要表述的真心話！

靈歌

山 —

一朵雲侵入
另一朵雲的肚腹
有了臨盆的雨聲

二

為了清場給鳥鳴
給蟲聲的合唱登台
你沉默的朗誦
接近尾聲

三

甩向藍天的陀螺
蹣跚而歪斜
泥水混充洋灰捏塑

四

月光搜救隊
沿小徑溯溪
尋找失蹤的流螢

這是山的美麗與哀愁，當然也在暗示人類對自然環境的破壞，導致一些物種不能生存，因而滅絕或瀕危。前兩段是山的美麗，「臨盆的雨聲」是很新奇的意象，而鳥鳴蟲唱也暗示大自然的和諧。

後兩段是山的哀愁，人們對山的破壞，山快受不了了。泥水混充洋灰塑膠毒物，螢火蟲和一些物種不見蹤跡。若是滅絕就救不回了，若是瀕危或許有救，於是人們展開搜救行動。賞讀〈平凡〉。

我不著色，不鼓盪
不竄高伏低
只攤開一張白紙
一面蒙塵的鏡
一片隨季節枯黃的落葉

我只是，偶爾眾生口中
嘆息一聲

很明顯的，這首詩可以當成靈歌（林智敏）的人生觀，乃至是他身處台灣社會的處世態度。他不沾綠，也不沾藍或其他政治顏色，也不參加任何政治性活動。

他也不求高位，也不刻意向誰低頭。他當一個平凡的人，平凡的有如一片落葉，但人生只是一個「嘆息」，似乎有些悲觀。是對台灣這鬼地方悲觀嗎？詩人似有此意！

江明樹

以海之名

夢的金字塔
夢的避雷針
夢的安全島
夢的摘星人
夢的孤影獨舞
夢的海中巨石，淘洗歲月

海的序曲
一片海，一個畫家畫著海

以海之名，墾丁青蛙石的頭腦體操
彈塗魚打開禪悟的那扇窗，素描海洋
台東海岸，珊瑚礁的岬角斜插
海中巨鯨在海洋泅泳展開幅度延伸
花蓮的海潮音與宜蘭的龜山島

海的變奏
雲端上的神祕，舔著香味的海底咖啡
一種咖啡因的信仰，穿越時空，海底龍蝦
與海藻失去了棲息地，藍海星紅海星與海葵海膽
或許跑到更深海底的和尚廟躲藏起來
勾勒海洋靈魂的表相如此容易
一切的一切，可以聯想到海邊矗立的核電廠
但詩人的覺悟不會比禪人來得深刻

小丑戲弄海洋的戲碼持續上演
海底的廢墟唱起昨日今日對明日的輓歌

海濱悲歌，黑色鬱金香在黑海飲泣
問候探視海神波希頓，海底黑暗徹底沉淪
白化的珊瑚礁警訊，鴉片海洛英的麻醉
娥多拉與索多瑪，比龐貝的毀滅更徹底

娥多拉（或譯蛾摩拉，**Gomorrah**）、索多瑪（**Sodom**），是聖經記載的兩個城市，可能位在約旦河東岸、死海以北的位置，於西元前三一二三年突然毀滅。當然會出現各種說法，如人民墮落沉淪、神的懲罰，現代考古學家說隕石撞擊等。

這首詩的核心意涵也在警示人類對海洋（自然環境）的破壞，已經到了不可思議的地步，也等同是人類的貪婪沉淪造成。於是，海洋生物，龍蝦、海星、海葵、海膽、海藻……日漸稀有。珊瑚白化，海洋成廢墟，還有全球性的毒品氾濫，都是人在自造災難！

詩人警示，如果人類不知反省，改變發展策略，謀求各種生物的共存。最後許多城市可能就如娥多拉、索多瑪或龐貝城，突然在一夜之間毀滅！

季　閒

夜的街民

循例，從午夜的指針夾角
拖出不知所云的昨日，又把
即將荒蕪的明日推進夜的
最黑處

撕不掉的名字依然工整
折疊在縫著補釘的記憶裡
栓在路燈的影子拉出了
犬吠聲的半徑

撿起一街菸頭點醒滿天星斗
吐幾口煙，圈成微不足道的蒼茫
把地址掛在公園椅的邊角

趁月色滾燙
且向露水賒幾顆晶瑩的夢

現在全世界許多人訥悶，全球最強大、最先進、最繁華，被宣傳成「自由、民主、人權」的美帝國，為什麼種族歧視越來越嚴重？各大城市的「街民」（無業遊民流浪者），可用滿街形容。加上基礎建設落後、髒亂，已形同落後的第三世界！這問題很複雜，政治和經濟制度，都是致命傷！

西方白種族更訥悶，基建落後，流浪漢滿街，不就是「應該」在中國嗎？但現在中國各城鎮不見流浪漢。而中國的基礎建設，全國高端交通網，已然是二十一世紀水平。訥悶！訥悶！西方白人心不干啊！

季閒〈夜的街民〉也叫人感傷，站在同理心設法，當街民都是不得已。詩沒有明顯說哪個城鎮，但判斷是台北火車站，為什麼繁華台北城有這麼多遊民！為什麼？賞讀〈撞見老友〉。

抬頭忽見，你隔著車窗向我招手
來不及拿出手機，只能讀你唇語
不知你說些什麼，依然回你：含笑點頭
鈴聲響起，兩列火車各自西東

我們經常會在外面撞見老友，眼熟又叫不出名字，因為我們每日在外活動，會碰到很多人，光是交換名片就數十人。幾月整年，交到的「朋友」可能上看數千人，幾年後就有「老友」幾千人。

這是我退休後所看到的現象。於是，你走在路上或參加各種活動，經常都會「撞見老友」，似曾相識，叫不出名字。只能回他：含笑點頭。

喜菡

大溪行走

信仰
到與不到都得遇見
遇見一尊觀音與觀音前眾俗家弟子的苦難
拜墊上絮絮植滿福田
有人計數寺廟前情
有人移來了菩提心境

我只是尋找
尋找葉落之前的風聲

〈大溪行走〉有三個子詩題，〈信仰〉是第一個。為什麼說到與不到都得遇見觀音，可能指觀音就在他心中，如《金剛經》無所從來，亦無所從去的信念。但最後兩行似在探索因果，葉落是果，風聲是前因。賞讀第二個子題〈偉大〉。

關於政治，張掛於牆頭
而牆底的壁爐
屬於偉人的愛情故事炙熱燒過

一點點豆乾疊成的老式陽光
殷勤填補杯沿泛白的唇色
一點點走遠的榮華
不發一語回身就座
我們談著談著

又穿越了彼此

歷史太詭異，非任何「偉人」所能逆料，在一九四九年前，老總統（我老校長）絕對想不到會「流浪到台北」，而且從此回不去了。現在他和經國先生仍在大溪放著，只有等統一再遷葬大陸了。賞讀〈遺忘〉。

小徑有餘溫
狗的吠聲屬於那年
一腳踢著一腳
一傘斜了
斜入橋下石板擠壓前的原荒

離去前，一條影子拉著
歸鄉路尚未啓動
有人說：繞過老街就到了

「歸鄉路尚未啟動」。這是在說兩蔣嗎？就叫歷史去解決吧！除開這些，大溪是著名古鎮，加上有兩個偉人在此加持，真是商機無限。兩蔣在這坐鎮，白花花的銀子流向大溪！

千朔

路邊徘徊玉蘭花

那香
經常臭得日子腐爛在手心
一株株。串
一環環。問
一輛輛。駛

入眼中的十字路
蒸發汗水與徘徊
的時間，在斗笠下甩動花花巾子
宛如會移動柏油路的稻草人

偶爾的風偶爾的銅板聲
敲醒

那香
微微暖又微微寒
的風吹白
巾子裡的雲

現代詩的分行很有學問，很多奇妙又說不明白的道理，也沒有一定的規則，有西式有中式。如這首詩的分行，「徘徊／的時間」、「微微寒／的風吹白」，這是很西式的分行，很不合中文的閱讀習慣。但我發現，如此分行的現代詩很常見，不知原因何在？我還是很不習慣。賞讀〈讀詩〉。

故事逆光前進
情節從我舉手的影子中拉出最大間距
所有文字都具生命
每行每行都是寫作動機

在下筆時，已設定
完成動人眼神

讀你？或讀誰？
抵不過讀我重要
那些如命的字，是熱血
噴灑真實的生活史蹟
（人類演化千萬年理論，亦
抗拒不了此刻，最真實的我
的抒寫）所以
時間無法延伸也不能擴散
一切目光都該專注
我

他是我，你是我，詩
是我，我是我
誰來讀我？誰
來讀我？誰來

一首二十行詩用了十個「我」字，最後小段更佔了七個「我」字。詩人應該是在強調「讀詩」這件事，是一種「絕對主觀」的感受，也就是同一首詩，多人讀之，每人所領略或感受都不同。

但詩本來就是歧義語言，好的作品都可以多重閱讀，多層次意涵。傳統詩中如李商隱的〈柳〉：「曾逐東風拂舞筵……已帶斜陽又帶蟬。」還有他的〈無題〉：「相見時難別亦難……青鳥殷勤為探看。」乃多重詩意之妙品，各人讀之感覺不同！現代詩也同理。

所以〈讀詩〉一詩，強調「讀你？或讀誰？／抵不過讀我重要……他是我，你是我，詩／是我，我是我……」只是在表達一個看法，讀詩是「絕對主觀」的，「我」才是本體。

雪赫

小丑

小丑有夢
在觀眾席上，欣賞自己的風光

舞台空蕩，只剩音樂的徬徨
觀眾的眼光失焦在尋找紅色的圓鼻
小丑嘆了一口氣，跳出來
觀眾開懷

他的魔術一定會穿幫
他點燃的炸彈，只裝有花瓣
凡事總不如人意，搞拙了
來個小點子，地心引力就會轉彎
不需語言，小丑以失真的哲學
向生活裡的庸慨，對望
享受單純，不在善與惡之間盪秋千
同情弱者，誓死要與命運對抗
遇到危險，兩眼一轉，變成不沾鍋
大大的鞋子，逃的比蝸牛還快
沒有觀眾的小丑最孤獨

不該當小丑卻當小丑的人最悲哀
拋撒歡笑的七彩，悲傷收進口袋
這是日復一日小丑的生涯

這首詩寫小丑，也寫「非小丑」，是多重意涵的作品。我們所看到舞台上真正的小丑這個角色，大家有個習慣性認知，如這詩「拋撒歡笑的七彩，悲傷收進口袋／這是日復一日小丑的生涯」。我總懷疑，若是這樣，小丑這一輩子都不快樂，自己不快樂，如何給人快樂？？

這世界上，真正舞台上表演的小丑是稀有物種，而且是一種「表演藝術」。但另有很多的人生舞台也有小丑，其中政治舞台的小丑最叫人討厭，就是詩句中「不該當小丑卻當小丑的人最悲哀」，政治小丑最悲哀！

其實社會各領域各行業都有小丑存在，這些人通常無能無德，只為混一口飯吃，坐好一位置，討主人歡心，只好當小丑。說他悲哀，也叫人同情吧！

第二篇　《有荷》文學雜誌

《有荷》文學雜誌，是以現代詩為主（較多）的綜合性文學雜誌，二〇一三年四月創刊於高雄市前鎮區。按第三十七期，其同仁組成如下：

發行：大憨蓮文化工作室
發行人：喜菡
總編輯：喜菡
編審顧問：王希成、綠豆、曾元耀
編審委員：意逢、明非、謝予騰、塔羅白羊、方巾、非白、林宇軒、馮瑀珊、麻吉、黃木擇……（餘略）
專欄撰寫：江明樹、王希成、荷塘詩韻、謝予騰、秀實、紅袖藏雲、胡也、顏正裕、林廣、李以亮
（餘略）

本篇欣賞喜菡、王希成、綠豆、曾元耀、謝予騰、黃木擇作品。本篇引詩人作品，均在《有荷》第35、37期，不另加註。

喜菡

喜菡，我因過著在蟾蜍山的隱居生活，與文壇連接極少。但近幾年，「喜菡」這名字常進入我視界。他（她）有一本《蓮惜》，是針對白河蓮花的土地書寫，是文字和攝影的合集，寫得真好。本篇僅欣賞刊在《有荷》上的作品，欣賞一首小詩〈美人閒坐〉。

束了腰的午後
花香與蟲鳴斜向
窗，在慵懶的右後方
小腹裡揣著一蒴陽光
腳趾上的蔻丹殘留了一些
踢了踢燥熱的空氣
寂寞慢慢漫了上來

喜菡也捏陶，這是他的陶藝作品〈美人閒坐〉，並以〈美人閒坐〉又寫一首詩。想像美人在午後，獨坐窗前，寂寞漫上心頭，好像少婦在家中等丈夫歸來。「小腹裡揣著一翦陽光」，這裡意象不明確（可以多重解讀），可以看成一種暗示，少婦懷孕了，腹裡有「陽光」（喜事也）。

王希成

仿生手捏淨土

疫情嚴冬雪落後
封城封國封閉足跡所有
開始練習以靜制動
讓掛慮落水，如茶葉
自由舒展壓抑捲縮日常
欲求簡裝，想像輕旅行
聽見喜鵲，看見一剪梅

世界回春簡訊暖暖入杯
入喉甘醇

高秀月的捏陶作品〈喜上眉梢〉，是一個古拙的茶壺，蓋子上有兩隻鳥。詩人王希成以〈仿生手捏淨土〉為詩題，寫一首小品詠贊之，詩題已說了淨土是用手捏出來的，是否暗示不用念「阿彌陀佛」了？

全人類都沒有想到，一場莫名的疫情攻略全球，死了數百萬人。到筆者寫本文的二〇二二年第四天，更可怕的「我沒空」更厲害，來勢凶凶。但藝術家、詩人都樂觀，期許世界回春，可以用手捏出淨土！

綠　豆

賣場熄燈號

展示架上年輕展翅
物象招蜂引蝶

謝幕少了掌聲
只有清倉自掘空洞

滯銷或熱賣的這個那個
提籃子經過興衰起落的人間印象

用賣場熄燈暗示人生的興衰起落，賣場熄燈後，要清點貨品賣出狀況，滯銷或熱賣象徵你的人生有沒有「市場」。不論商品或人生，有沒有市場，決定你的命運。

賞讀〈糖廠的榕樹公〉。

撐這一把大傘
看雲卷鄉思
終究是已讀不回的
輕浮
只留一張樹蔭複紙
複寫好幾代人滿地青春的落葉

許多地方都有榕樹公，也都撐起巨大的傘，複寫著附近好幾代人的青春。「看雲卷鄉思」，是詩人的心思，借榕樹公公說出來，真實是詩人的回憶吧！許多人的童年都在榕樹下聽故事長大的。賞讀〈愛的穿搭〉。

衣架間垂掛迷藏的時空
捕捉愛其所愛
季節的試衣間
有楓有雪有三月的落葉蘭
為他翻來找去缺少的那一件
啊！早穿在心上了

女人永遠少一件衣服，女為悅己者容，「為他翻來找去缺少的那一件／啊！早穿在心上了」。詩意透露一個女人要和心上人見面，翻找一件他喜歡的衣服，才發現早已穿在心上，暗示這女人的愛是堅定的。

詩一開始，暗示女人的衣架間是個迷藏空間，可見這女人的衣服有多少，可能很多都不曾穿過。這其實也是現代環保問題，乃至社會問題，過度的消費主張，地球受不了生大病了！

曾元耀

時間的意義

一棵枯樹讓田野變得曠廢
日子繼續腐朽成塵埃
鳥聲被陣陣風聲鋸斷
記憶被謊言腐蝕
銅鐘被敲響
鐘聲就把吵雜的人帶走

時間的意義來自佛性的心境
隨緣、無所求地面對今日
在凡塵吸盡的剎那
新的日子自自然然被拉上來，掛好

小巷的青苔是時間的音符

可以綠化無助的歲月
不再有什麼情感的騷動
也就不再有什麼值得啜泣

若有黃昏經過我
我就能翻過那霞光
用心檢覈剎那的神意

在每個日常的細節
時間的凝視經常很有張力
記得要常常對人生提問
只是，早已不須答案

如果要從科學上，簡易而深入且正確的了解「時間的意義」，最好的方法，是讀一下霍金（Stephen W.Hawking）著《時間簡史》，許明賢、吳忠超合譯。民國八十五年八月，由台北藝文印書館出版發行。

詩歌文學上談時間的意義，就任人隨意演說了。「時間」是什麼?所有的人都知道，就是說不出答案，甚至不了解「時間是什麼？」連皮毛也不了解。然而時間，讓人生、讓人生、讓人老、讓人死！讓一切成長！也讓一切最終滅亡！

但詩人提到時間的意來自佛性的心境。這是有道理的，例如你了解《金剛經》所述：「一切有為法，如夢幻泡影，如露亦如電，應作如是觀。」或《心經》所言：「無老死，亦無老死盡……」你對時間會有全新的領悟。

愛因斯坦亦說：「人們所見所知的時間、空間、物質，只是一種假相。」原來我們所知的時間是假相，那麼真相又是什麼？我等得再探索、提問！找尋答案！

謝予騰

敘事

在我存活的敘事線裡
氣溫和海浪
旁枝為許多可能。

偶爾認真盯著它們，大多

就任其發芽，長出小舟
或藍色風鈴一類
並輕易地
受著外力影響。

而我不認識主線的敘事者，包括口吻和風格
皆陌生如遠方的戰火
世界則任由他，或他們
搓揉、拋擲、咀嚼
在我的存活裡
數個次元般地轉換宇宙
像筆直的蟻隊，幾度開散。

甜美的一切，始終無有發現——太平洋高壓
是浪與溫度
與最後一道防線。

下一場暴雨伏筆在未見的事件後，像公路
在島嶼東部無有盡頭
像我，賴以存活
卻毫無知悉的敘事線

敘事，把事情說出來。要說什麼?詩人一生有很多事可說，正式或閒聊，一定要說出來，不吐不快，必定就是詩人很在意的事。用詩表達，所以這是「敘事詩」，以敘記人事物為主的詩。

「在我存活的敘事線裡／氣溫和海浪／旁枝為許多可能」。人要存活，通常有賴以維生的工作或職業，或從小立志的目標。例如，要當老師，要當飛行員，但人生有很多意外的驚奇，旁枝也可能發展成主線。

詩人頗有因緣觀理念，無論人生出現什麼「旁枝」，都會認真面對「任其發芽」，隨緣隨事之發展。但現實是無情的，人也很容易受外力影響，這是詩人的感嘆吧!這便是人生。

詩人只是一個微小的個體，不是什麼大領導。因此，面對全世界充滿無力感，整個地球任由政客、資本家、軍火商把玩、搓揉、拋擲、咀嚼，詩人只能寫詩發牢騷!

黃木擇

南寮漁港三則

一

風割下嘶吼
海在風景上狂奔

狂舞的細沙沒有
名字，礫石緊靠搖晃的城

二

泅泳在浪潮
港灣張開靛藍的嘴
嚥下向晚，仍炙熱
渾圓的心臟

三

我淹沒天空的臉
天空刺醒暴風的眼睛
暴風俯衝

留下一行
魚腥味的草書

很有意境的寫景作品，讀之如己身處南寮漁港的黃昏，海風呼呼的叫著，風「割下」嘶吼，海在風景上「狂奔」。這景象很驚悚，如此形容海景風勢，在現代詩中尚未見到（或有而筆者不知）。

接下來有更驚奇者，港灣變成一隻遠古巨獸，張開「靛藍的嘴」，一口就「嚥下」向晚。比之第一則，驚悚的程度，又再提昇。到了第三則，詩人已然「物我合一」了，竟「淹沒」了天空的臉，最後再回到平常心，留下有魚腥味的草書。漁港的味道就是魚腥味，這是正常平常的生活的味道。

這首詩的意象組成，如風吼、海奔、沙舞、城搖、港灣的嘴、我淹沒、魚腥味等，共構成一幅很有意境的漁港黃昏。王昌齡所述詩有三境，物境、情境、意境，這首詩的創作應該三者都有了！

第三篇　《藍星》詩社

本篇有關《藍星》歷史，引劉正偉著《早期藍星詩史》一書。台北，文史哲出版社，二〇一六年元月，筆者手上並無《藍星》各種文本，僅有正偉兄的著作，特要感謝他。

按正偉的著作，早期《藍星》詩社（一九五四—一九七一）。發起人為：覃子豪、鍾鼎文、鄧禹平、夏菁、余光中；後陸續加入成員有：周夢蝶、蓉子、羅門、阮囊、向明、曹介直、商略、吳望堯、黃用、張健、方莘、敻虹、王憲陽。

筆者在《中國新詩百年名家作品欣賞》一書（文史哲出版社，二〇二二年元月），已介紹過覃子豪、鍾鼎文、余光中、周夢蝶、蓉子、羅門；另在《向明等八家詩讀後》一書（文史哲出版社，二〇二一年十一月），已介紹向明和曹介直。已介紹或研究過詩家，本篇不再重述。

本篇僅介紹、欣賞夏菁、鄧禹平、阮囊、商略、吳望堯、黃用、方莘、張健、敻虹等九家作品。

夏菁

簷滴

有一種語言
勝過鄉音
使你聞之淚下

從這個世界
回到另一個。

家是一個——
當聽到簷滴，

就會使你
酸鼻的地方

夏菁（一九二五—），本名盛志澄，浙江省嘉興縣人。寫這首詩的時候，詩人離開故鄉親人，至少有二十多少了，依然看不見歸鄉路，鄉愁！傷啊！我想不光是聞簷滴，就是望明月也會淚下，感傷啊！

這首詩更暗示了海峽兩岸成為兩個世界，沒有通路和交集的兩個世界，把文化、血緣、親情全都割裂。這是誰的責任？是誰造成的？老毛老蔣？倭鬼美帝？馬恩孔孟？還是歷史的必然？或偶然？賞讀〈月夜散步〉。

此刻正像是水底的世界，
一切已沉澱，靜寂。
那些遠近朦朧的樹枝，
如珊瑚叢生海裡。

藍空上緩泛過光潔的浮雲，
是片片無聲的浪花；

只有一隻古代的象牙舟，
在珍珠的海上徐划。

行人看不清彼此的面貌，
只感到浮光掠影，
像魚兒優遊在深綠的水中，
來去僅閃一閃銀鱗。

這應該是詩人的「寫意」之作，並非「寫實」之作，月夜散步是許多人會有的經驗。但詩人經由經驗再想像，第一段想像成水底世界，第二段把夜空想像成大海，浮雲如浪花，明月如行舟，第三段又回到深綠的水中。

唯一讓我覺得不妥處，是第二段「藍空」二字，因為情境是月夜，而四週如深綠的水中，所以天空不是藍色的，藍空通常用在白天。只能說寫意之作可以「無中生有」，如王維的「雪中芭蕉」，雪中不會有芭蕉，只是詩意需要！

鄧禹平

高山青

高山青
澗水藍
阿里山的姑娘美如水呀，
阿里山的少年壯如山！

啊！——
啊！——

阿里山的姑娘美如水呀，
阿里山的少年壯如山！
高山長青
澗水長藍

姑娘和那少年永不分呀！
碧水常依偎著青山轉……

民歌（為《阿里山風雲》影片插曲而作）

這首紅透兩岸的民歌，聽過的人至少幾億，但知道鄧禹平作於一九五〇年的人，恐沒幾個人。因此，再抄錄在此，使作品和詩人都廣為流傳。

鄧禹平（一九二五——一九八五），四川省三台縣人。他有不少新詩譜成歌，都成為膾炙人口的好歌，如〈高山青〉、〈離開你走近你〉（王夢麟演唱）、〈我的思念〉（潘越雲演唱）、〈下雨天的週末〉（邰肇玫演唱）等，這些詩、歌都會再流傳。賞讀〈夢〉。

是誰撥開了我底心扉，
昨夜
讓她
輕輕地飛進了我底夢裡。

鄧禹平作品以小小詩取勝，如這首〈夢〉，「她」定就是詩人的「夢中情人」（也可能真有）。但明知故問讓人有了想像空間，據說每個男人至少有一個夢中情人，不論虛實都是一種滿足或需要吧！賞讀他最短的詩，〈自傳──我最短的歌〉。

我存在──
因為歌！
因為愛！

這是我見過寫得最短的「自傳」。但短短三行，透露詩人的成就感和幸福指數都很高，成就感來自創作詩歌廣為流傳，受每一代人喜愛；幸福感來自愛，親情、愛情、友情的愛，都俱備或曾經擁有！

阮囊

正覺

螞蟻試它的腿力，地球動了

蜜蜂構了創世紀的建築
螢火蟲吞下了太陽的靈魂
我在菩提樹下完成我的正覺
他們說我是一位哲人
我說我是一個宇宙

阮囊寫這首詩是二十多歲的時候，已儼然有「覺悟者」的功力，這首詩也受到很高評價。（見劉正偉著《早期藍星詩史》二二七頁）阮囊確是不凡。

筆者從佛法的「無分別心、平等法」欣賞這首詩的高度。用佛經上一個典故說明（也解釋），有一將軍率十萬大軍與敵作戰，結果打了敗仗，最後剩幾萬殘兵敗逃，敵人在後追殺；將軍突然發現旁有農人正在收蓮藕，乃迅速把幾萬殘兵帶入蓮藕孔洞內躲藏，避免被敵人全殲！

這正是佛法上的「無分別心」，帝王將相販夫走卒都是平等的，都有佛性。只要你覺悟到自己的佛性，你便是菩提樹下的「正覺」者。

從無分別心、平等法看世界，蓮藕孔洞就是一個宇宙。螞蟻腿力和地球動力無分別，蜂巢和杜拜塔無分別，螢火蟲的光和太陽光無分別，我就是一個宇宙，你和他也是！賞讀〈半流質太陽〉。

星期六去看海，成為我同情存在主義的唯一理由
因此，你同意我的獨來獨往，介於遊俠與牧師間的雙
重氣質
在我，在在已湮入蒼茫的哲境，星光閃動，你在其中。
不同的星期六，你在不同的方位表現你的存在
我想。存在也是一種旋轉，形而上的旋轉。

你不喜歡吃魚
我不喜歡魚骨的結構
魚不喜歡我們看海
海不喜歡希臘的沉船
你說，存在也是一組連鎖反應
也是玩了又玩的積木遊戲。

還是看半流質的太陽吧
穿過船纜，穿過魚市

穿過不變的對價觀念
因此，存在也是一枚鏤花的贋幣
因此，我們的目光交錯，超現實的痛楚交錯。

一九六六年十一月

何謂「半流質的太陽」？聽起來很無解，很不「現實」，也就是在現實中是沒有的事。因此，這也是一種荒謬的構思，也就是所謂的超現實！

按筆者理解，文學作品必和當時社會大環境或潮流有關，這首詩（或詩人）必受當時兩種潮流影響。第一種是民國五〇年代西方「存在主義」在台灣大流行，存在主義最流行的口語便是「荒謬」，人生的本質是荒謬的。在民國五十七年時，北一女學生首仙仙，因看了存在主義小說王尚義著《野鴿子的黃昏》，因而自殺而死，給筆者深刻的記憶。

第二個受大環境的影響，是當時從大陸敗退到台灣，領袖高喊口號「一年準備、兩年反攻、三年成功」，都已過了十多年，尚在原地「旋轉、旋轉、旋轉」。真是荒謬！總結這兩種潮流影響，這首詩就是在記述一個不真實的時代！荒謬的年代！

商略

野花

向上帝索取了
一點紅、一點藍、一點……
而後辛苦地擠出一點寂寞的香來
生命何其渺小呢？你的
一次顯現乃是一次淹沒

我知道：他崇拜一個遺忘
像泥土的愜心於沉默

用野花野草比喻人生，說來人生還真的是荒謬，生命也真是不值。但說生命何其渺小，也確是，人和野花野草生命同樣渺小，許多死於戰亂的人，生命如野草般，枯萎於荒野。這首詩多少表達詩人的某種生命觀，乃至面對人人的一種態度。賞讀〈街心〉。

用一個城市的
交錯又交錯，重疊又重疊
如是眾多的騷音
的鼎沸
烹我？！

用一個世紀的
重疊又重疊，交錯又交錯
如是眾多的速度
的匕首
剖割我？！

呵呵
我原是一尾
不探西江，無視涸轍
而下瞰靈川

上博銀河
而在有著幾株仙人掌的沙漠地帶
思想著的
魚。

不知為何！人類社會的發展，怎會不可逆且快速的趨向都市化，世界各國的鄉村人口大量湧入城市，創造出許多大都會。「都市化」其實是一種「不適人居」的發展，都市對人類而言，完全是災難，如這詩所述，人在都市中，如待烹的魚或池中的少水魚。

人生在世，佛經也有「少水魚」的形容，鼓舞人要珍惜光陰，把握當下創造生命的價值。〈街心〉第三段引莊子「涸轍枯魚」典故，但卻是一隻勇於探索的魚，這隻魚比較像佛經裡的魚。

吳望堯

大廈

龐大的怪物，巨人
驕傲地站立在城市的中央

鋼的骨骼，水泥的肌膚
花崗石般堅硬的，冷冷的牙床
可吞沒黃金的落日
而排列得整齊的一百支透明的眼
是阿葛斯的再生？到夜晚
乃閃著光，眈眈地監視著——夜
是怕它有太多的秘密和陰謀？

又是都市化的罪惡，筆者雖居住在第一首府台北市，但我始終很討厭都市。因此，我住台北市數十年，著名的一〇一高樓從未去過，乃至多數百貨公司也沒去逛過。我長期隱居蟾蜍山，過著簡單的寫作生活，都市的一切，對我沒有吸引力。賞讀〈憂鬱解剖學〉。

因為我的血型是A
所以我憂鬱的原子如鈾二三五的分裂
你不是說黑色的底片上有八億九千萬個二十一等星？
唉唉！我的憂鬱何其多呵！

因為愛情已彎曲於第五度空間
微笑的愛因斯坦又搔著他的白首去了
孤獨地，留下我於有限的宇宙而膨脹嗎？
而聽説太陽的黑子群又達到了高潮！

因為沸騰的岩漿已凝結成火成岩
又不堪時間的壓力而褶皺如阿爾卑士的地層
心的表土堆起的是黑色的土壤
而風化，夾雜著散碎的破片而剝落，剝落

所以我的狂笑原在長蛇座的星雲
我的心是古老的岩頁，記載著憂鬱的指數
但誰是明日憂鬱的解剖學家
來翻開我心頁如此沉重的巨著？

註：長蛇星座為近代所知，離地球最遠的星座，約離地球七億光年。

整首詩把全宇宙都說了，從血型A出發，到鈾二三五、愛因斯坦、太陽黑子、地球岩層、長蛇星座，只有一個核心思維；就是人處在現代社會的疏離、壓力和憂鬱。

「現代社會」是所謂西式的「民主社會」，這是個人主義的社會，假「民主、人權」之名，打開人性黑盒子的社會。因此，「民主、人權」之現代社會，也是人類向末日發展的社會。這種社會如此可怕，詩人憂鬱！憂鬱！要向精神科醫生報到了！

黃用

瘋狂七行

用酒澆花
又飲酒一樣地狂飲著少女
啊啊！誰說的少女如花？
「來人哪！」
我揮揮襯衫袖子

擲掌中杯於櫃檯上
看憂愁與你歸於塵土

瘋狂！豪情！狂飲（吻）少女！也夠誇張了！各種人中，只有詩人可以「無法無天」，可以「騙死人不償命」。李白說白髮三千丈，黃用拿酒澆花！有夠瘋狂。這就是詩人，是特權，也是天賦！賞讀〈一片葉〉。

風從天上來，吹去了水底的雲。
唉，多麼懶洋洋的一個晴日——
我想起你無力按下微揚的裙裾，
低低哼起那支歌時

當你低低地哼起那支歌時，
我舒開了一個思憶中的折疊；
因為我是多情而不懂得隱藏的，
如落在你窗前的一片葉。

浪漫的告白，也是一首可以感動對方的情詩，這個你大約就是初戀情人吧！多情而不懂隱藏是真情告白；如落在你窗前的一片葉，是說我們緣訂前世，現在因緣成熟，可以修成正果了。賞讀〈憂鬱感覺〉。

不能辨識這一切。
接合起來的鐵皮上放置一堆釘子
以及放置著有齒的廢件。
我想我是在安排一個殘殺
一如聚眾蛇於一窟

但那是堅硬且渾然一體的
疊砌，又疊砌
然後浮動，然而
它們不是船舶
甚至也沒有音響

憂鬱症是什麼感覺？聽說現代社會越來越多人得到憂鬱症，得到的說不出口，沒得到的也不知道。套精神科醫師說的：「發神經的人越來越多了。」現代文明就是讓人發神經，台獨民粹操弄更使全民精神分裂！

　　而詩人用釘子、蛇、船舶和音響來感受憂鬱，情緒是浮動的。但所舉四種具象都是不確定，難以定位，惱人的浮動感，也許這就是憂鬱症吧！

方莘

開著門的電話亭

一個孤獨少年說：
她的笑聲是一把閃亮閃亮的銀角子
撒得滿地叮噹叮噹作響。
而我不是一座開著門的電話亭
唉，根本不是—

就連小小的小小的一枚企望
都不能投入。

方莘（方新，一九三九—），山西五台人，出生在四川金堂。余光中甚為贊美方莘作品，稱其早期作品為意象主義者，余光中也有「方派」之說，亦有三方說（方思、方莘、方旗）；另加方娥真、方艮，則是詩壇「五方」，都在現代詩有很好的成就。

〈開著門的電話亭〉，像是我們很多人的成長必經過程，從童年初到少年，自信心都還不夠，喜歡「她」又不敢說；想打個電話給她，又不敢投入一枚硬幣，既期待又怕被拒絕。這種忐忑不安的心理，都被詩人捕入詩中，回顧我等追「馬子」時，正是這種情境。

到了現在，與我年少已相隔五十多年，人的心態全變了。尤其這個鬼地方，台獨操弄下，大家流行不婚不生不戀，只搞同婚。但相信也有不少正常人，他們快樂談戀愛，進而結婚生兒育女，他們多少也經過這種忐忑不安的成長經驗，因為這是成長必經之路。賞讀另一首〈月升〉。

黃昏的天空，龐大莫名的笑靨啊
在奔跑著紅髮雀斑頑童的屋頂上
被踢起來的月亮

是一支剛吃光的鳳梨罐頭
鏗然作響

這首詩有著古老時代的味道，大約在筆者讀小學時（民48到54年），那時小朋友的玩具大多自己弄出來，男女生都有一些用腳「踢」的玩具。例如，女生踢毽子和房子，男生踢空罐頭等，如這首詩，只成了老人家的回憶。老人家走光了，回憶全斷絕，只有這詩留給後人考古。

〈月升〉一詩也很有意境，空罐頭和月亮的意象連接，而且月亮是被頑童「踢」起來的，就像頑童在路上踢著，月亮滾來滾去。這個頑童正是詩中的夕陽情景，像一個紅髮雀斑的小朋友。

張健

五月的晨步

穿過公園中的兩排椅子
穿過早晨的廣播

穿過一些難題
恍憶起這是五月

五月的街道長如
五月的畫
五月的晨曦暖若
一個故事的心臟

而這一切將被悄悄拂去
被早行者的步履遺忘
——五月在異鄉
異鄉人在五月

一九六〇年五月十四日

張健（一九三九——），曾任台大中文系教授，浙江嘉善人，寫這首詩時，大約來台才十年左右，鄉愁正濃。〈五月的晨步〉，以早晨散步之名行思鄉之實，而且頗為感傷。一直強調五月，不忘五月，可能是五月到台灣的，所以五月難過，每到五月思親人。

第三段最感傷，流落這鬼地方已然十年，還望不見歸鄉路，看樣子是沒希望了。「這一切將被悄悄拂去」，所指為何？可以有很多解讀，「回大陸」的事可能漸漸的無聲無息是解讀之一，只得繼續當異鄉人。賞讀另一首〈畫中的霧季〉。

我在你的影子裡悄悄的簽個名
就成了一幅畫
掛在我左邊的心室裡

每當教堂的鐘聲響起
壁上便傳出你的吟哦
好像說：多悠長的一日呵

我走入畫裡

為你默念哲人的話語
縷縷微笑溢出
五月遂成了霧季

這是一首浪漫的情詩，「我在你的影子裡悄悄的簽個名／就成了一幅畫／掛在我左邊的心室裡」。相思啊！苦相思，第一段兩人終於相約同遊，度過美好的一日。第三段的「霧季」是美好浪漫的象徵，「我走入畫裡」，有性的暗示，但不很鮮明。整首詩的情境來看，二人是從此以後過著幸福美滿的日子吧！

敻　虹

敻虹（胡梅子，一九四〇—），台灣台東人，父親是台中人，母親是福建人，是半個台灣人。不意看到敻虹在佛光山受持五戒、菩薩戒，法號「弘慈」，甚感親切，因為和她應同是星雲大師座下弟子。惟筆者不才，並未受五戒，真是佛緣淺薄。還是欣賞她的詩，〈如果用火想〉。

那麼，生命是一條走向無所等待的路
兩旁樹著奇妙的建築
有睜窗之複眼的時常流溢歡歌的巨廈
有憂鬱的小圓屋

那麼，沉入驚顫的白玉杯底
是往事之項珠裡奪目的紅瑩
三月與七月
設使儲夢的城座起火了，在雨中
我怔怔地站著
觀望一個人
如此狂猛地想著
另外一個人

「設使儲夢的城座起火了，在雨中」。讓我想起《三國》電視劇，孔明設下陷阱，最後快要以火燒死司馬懿，突然天下起雨，解除了司馬懿的災難。

〈如果用火想〉，是站在火的立場想事情，火象徵熱情和文明，但也可以毀滅一切，以此比喻兩性間的感情或愛情，有如在玩「火」。正常和諧的情可以修正果，脫軌了可能毀滅一切，有時「城座起火」（爭吵、衝突），在雨中（雨滅火、又和解）。

雖然「和解」了，但難以回復如初，怔怔的望著一個人，心中開始想另一個人。兩性之愛其實很錯綜、很單純、很微妙，愛恨情仇存乎一心。賞讀〈水紋〉。

我忽然想起你
但是不是劫後的你，萬花盡落的你

為什麼人潮，如果有方向
都是朝著分散的方向
為什麼萬燈謝盡，流光流不來你

稚傻的初日，如一株小草
而後綠綠的草原，移轉為荒原
草木皆焚：你用萬把剎那的
情火

也許我只該用玻璃雕你
不該用深湛的凝想
也許你早該告訴我
無論何處，無殿堂，也無神像

忽然想起你，但不是此刻的你
已不星華燦發，已不錦繡
不在最美的夢中，最夢的美中

忽然想起
但傷感是微微的了
如遠去的船
船邊的水紋……

這好像許多人初戀的情境，分手後還有一些淡淡的想念，或者是回味。或仍心有不干（不解），所以提問「為什麼人潮，如果有方向／都是朝著分散的方向」。似乎說分手，本來就是定局！

事後反思，也許都太天真，不知道這世間根本就沒有完美而恆久的愛情。一切都會變，草原變荒原，草木皆焚。只因「情火」不該太深！

我覺得收尾極佳，「如遠去的船／船邊的水紋」，事件會過去，遠去的船看不見了！水紋也很快消失。兩造也很快有新的開始，彷彿是每一個人曾有的經歷。

第四篇《葡萄園》詩刊(一)吳明興主編時期

《葡萄園》詩刊，民國五十一年七月十五日，由文曉村等詩人創刊（社），至今民國一一一年（二〇二二），正好六十年。這是了不起的刊物，筆者選擇兩位著名的主編也是詩人，代表不同時期的同仁組成，並欣賞他們的作品，本編先述吳明興主編時期。

在《葡萄園》第一〇八期（民79年8月15日出刊），首頁刊出同仁有：王再軍、文曉村、白靈、宋后穎、金筑、吳明興、洪荒、流沙、晶晶、張太士、張朗、張國治、曾美玲、楊小川、詩薇、廖振卿、魯松、鍾銘樑、謝輝煌。

以上同仁中，王在軍是發行人，社長文曉村，主編吳明興，副社長魯松，經理謝輝煌。

本篇欣賞吳明興、王在軍、文曉村、宋后穎、金筑、張太士、張朗、曾美玲、詩薇、魯松、鍾銘樑、謝輝煌等詩家作品。

在吳明興主編時期的《葡萄園》，首先開啟「虹橋飛塹」專輯，為大陸的詩人發表園地，為台灣詩刊的創舉，成為當時文壇盛事。

本篇引詩人作品，均在《葡萄園》第106 107合期和108期內，不另加註。

吳明興

松樹一直都在這裡

松樹在霧雨中
松樹在陽光中
松樹在春天裡
松樹在秋天裡
松樹在其自己

而這，只是，無數個
偶然的機遇

只是，無數個，偶然
我來到了松樹對
來到了該來的地方

在該來的時候我來了
松樹一直在這裡
松樹一直在木柵的山裡
木柵一直在台北的山裡
山啊始終在這裡

而我也在這裡
在偶然的世界裡
在短暫的機遇中
在過去和未來的關鍵
在永恆的宇宙邊緣

在永恆的宇宙邊緣

松樹始終都在這裡
在無去也無來的地方
松樹在其自己
在一片混沌的空白裡

在《金剛經》〈威儀寂靜分第二十九〉，有一段經文，是佛陀對弟子須菩提說的：

須菩提！若有人言：「如來若來、若去、若坐、若臥」，是人不解我所說義。何以故？如來者，無所從來，亦無所去，故名如來。

按星雲大師詮釋這段經文：「須菩提！如果有人說，如來也有來、去、坐、臥等相，這個人就是不了解我的深意了。為什麼呢？所謂『如來』者，實在是無所來處，也無所去處，所以才稱為如來。因為如來就是法身，法身無形無相，遍滿虛空，無所不在，寂然不動，哪裡還有來去之名呢？眾生所見的語默動靜之相，不過是如來的應化之身，應化身為隨眾生之機緣感應有隱有現，但是法身則恆常寂靜，從未有來、去、坐、臥的相狀。」

我想，吳明興這首〈松樹一直都在這裡〉，就是表達「如來的境界」，松樹無所從來，亦無所去，一直在這裡；眾生亦如是，生命就在這裡，在這裡生生流轉，無老死，亦無老死盡；我們在其自己，在一片混沌的空白—虛空裡。

而詩也提到松樹一直在這裡的原因，「而這，只是，無數個／偶然的機遇」，包含詩人來到松樹下，都是許多偶然形成。明顯體現了佛法之「因緣法」，謂宇宙間一切皆是因緣和合而成，因緣消失即滅。賞讀〈茫西溪清聽〉。

被微霧漂染過的秋陽
其光雖煌煌依然
但不免有些冷靜了
彷彿一管曾經激切的洞簫
逐漸流入蟬的餘韻裡

在芒蕩蕩的亂草中
默然澄澄澈澈的小潭出神
如此這般就一個下午了
只是相距時間的盡頭

恐怕還望不到生命的邊際

且讓山穩穩的坐定吧
在月升與日落的幽谷深處
當晚風悄悄露宿的子夜
除了冉冉行吟的澗水
氾濫的青春已經一去不回

這首詩已然在「有我之境」和「無我之境」交融中，體現了物我合一的境界，詩人和宇宙萬物是一體的。因而萬物也是詩人，所以洞簫有激切之表現，小潭默然出神，山穩穩坐定，晚風悄悄露宿，都來聽澗水行吟……一切的一切，都在寂靜中一去不回。

「清聽」，詩人聽到什麼?表面上好像聽到洞簫、小潭、晚風、澗水等山河大地的表演，也是山河大地的「無情說法」；說一切都會成為過去，「一切有為法，如夢幻泡影，如露亦如電，應作如是觀。」

王再軍

我好威風

我握著龍泉
肩上站著海東青
跨上汗血馬
我——像英雄——似豪傑威風嗎？
一人一馬一鷹一劍　我出發了
啊　汗血馬在飛
　　海東青在飛
　　我也在飛
我在長城外
我在飛沙中　馳騁著
野獸都逃了跑了躲了起來了
誰說我已經老態龍鍾
我好得意

我好年輕
我好勇敢
我好威風
我在吶喊中
吵醒了床邊的老伴
老伴問我　喊我
我才知道自己做了一個好可愛的夢

一九八九年四月廿五日上午八時許

附言：「龍泉」為名劍，「海東青」為名鷹，「汗血馬」為名馬。

人在現實環境中得不到滿足，會形成本能的「需要」，進而從幻想或精神上去得到，例如想像一個夢中情人。詩人當然也有需要，經由創造一個夢（詩），來滿足現實環境中得不到的需求。

〈我好威風〉一詩，筆者以為詩人透過詩創作滿足了兩個需求。第一解決鄉愁，鄉愁唯一的解藥，就是回大陸走走，看看美麗山河，這是身為中國人要做的。第二滿足成功立業的需求，每個男人心中最大的夢，就是成大功立大業，成為英雄豪傑。

賞讀〈自勉詩〉。

我自己絕對不辜負我自己
我要發奮
我要努力
我要成為一個有成就的人
紹智
紹華
紹仁　你們都是父母的好兒女
會跟父母一樣
每個人都有一顆力求上進的心

一九八九年九月二十六日下午十一時許

這首詩可以當成〈我好威風〉一詩之另一種詮釋。果然王詩人也在追求人生的成就，但怎樣代表「成就」，不外就是「功名」吧！而且也以這樣理念勉勵紹華、紹智和紹仁三個孩子。如今已過三十多年了，相信這三個孩子已功成名就，或至少成功立業吧！賞讀一首感傷小品，〈擋不住的眼淚〉。

下眼皮　像萬丈高堤
擋得住淌下來的眼淚嗎
啊　真的決堤了
趕快來
用手帕
把滴下來的眼淚擋起來吧
如同築堤一樣
誰又能擋得住呢
要流　就讓它痛痛快快的流吧

一九八九年十月九日下午七時許

詩人為何痛哭？這是國慶日前夜，不是該高興嗎？但相信他是愛黨愛國的人，千萬平方公里山河丟光了，丟得只剩一座小島，至今（民78）收拾舊山河無望。能不痛哭嗎？但詩人今若仍在，眼看台獨之惡搞，能不跳太平洋乎？

文曉村

誓約

是江河
就要浩浩盪盪
奔流千里歸大海
是山嶽
就要巍巍峨峨
聳立萬仞成永恆

是太陽
就要昭昭曜曜
發光發熱而為永晝的華美
是月亮

就要盈盈晶晶
化朦化朧而為無盡的柔情

是天空
就要藍藍麗麗
任馬兒奔馳在草原
是青鳥
就要生生世世
為愛歌唱，永不止息

再次於寫作中懷念文老・文曉村，河南偃師縣人，生於一九二八年，二〇〇七年病逝。一九六二年和朋友創辦《葡萄園》詩刊，以「健康、明朗、中國」為刊物宗旨，並將此六字放在每期封面。可惜文老走後，新的負責人取消這六字宗旨，讓人存疑這些徒子徒孫是否也搞起「去中國化」？他們要向誰表態？文老九泉之下不安啊！

回到文老這首詩，可謂氣壯山河，易於理解且意境也高，並暗示期許人們，當一個人就要頂天立地，無愧於大地山河。其第三段「青島」可能是印刷有錯，改成

「青鳥」較能合於詩意。賞讀文老一首特別的詩，〈我的遺言〉。

請為我雇一條船
從基隆港出發
至西北西三十公里處
將我的骨灰
投入海底

並非效法先賢吳稚暉
也不敢追蹤
無冕之君鄧小平
任何不當的比擬
都會織成僭妄之譏

我只想在那裡
尋找一塊九五年春天
自西北西飛來的彈片

我要在那上面
寫　我的遺言

所謂不放棄武力
不等於戰爭之必須
一條微妙的和平之路
已經隱隱然出現
說窄很窄，說寬也很寬

或謂　別急　別急
事緩就容易
中國人的智慧
無為而無不為
沒有解決不了的難題

原刊《葡萄園》詩刊，一九九七年八月十五日

感動啊！文老連遺言都牽念著統一問題，要為國家統一找方法，他應該被封「愛國詩人」，他不愧是頂天立地的中國人。文老，您走了這麼多年了，許多後輩仍懷念你！敬仰你！禮贊你！

宋后穎

心情小記

之一

何時才能泊於無風無浪的港灣
看四季風景，過往聚散
是匆匆也是靜止
那些悲歡離合，愛憎怨悔
都甜於寧泊港灣與
　　淡淡的暮靄中

何時才能駐足於無恚無慮的天地

俯瞰生命歷盡的光華與滄桑
是回首也是前瞻
那些人情冷暖，世事變幻
都化為煙塵一縷
佚於無垠的晴空。

之二

曾經掙扎於黑白的對比裡
生命是一條條迂迴的長河
跨越是一重重沒有明天的
　　背水之戰

曾幾何時才逐漸體認到
該執著的色調
不再仰望完美無瑕的白
不再鄙棄沉鬱晦澀的黑

豁然是一種境界
境界是層層的自我突破
無怨無悔永恆的追尋

在現實世界裡，要找到一個無風無浪的港灣，很容易，大晴天的好天氣，很多港灣是無風無浪，連漣漪也不起。但人生面對五濁惡世，要能泊於無風無浪的港灣，可以說很難，除非找一處「桃花源」躲起來。人只要活著，多少要面對一些風風雨雨。

當然，透過修行也可以泊於無風無浪的港灣，駐足於無恚無慮之天地。例如，你修行到《心經》所述，「心無罣礙，無罣礙故，無有恐怖，遠離顛倒夢想……能除了切苦，真實不虛……」這樣的境界，你已身居淨土的清淨世界，自然是無風無浪。

宋后穎修行雖未達《心經》境界，但已然有所悟，不再掙扎於黑白善惡對錯正反之對比，放下豁然是一種境界。人生能有這樣的突破，也就無怨無悔了！這輩子值得啊！

金　筑

最近（二〇二一年底時），聽說老詩人金筑（本名謝炯）謝世，他是貴州省貴陽市人，一九二九年生。他在五〇年代開始寫詩，加盟紀弦的「現代派」，算是台灣老一輩詩人，筆者與他在「三月詩會」有多年因緣。

金筑在《葡萄園》第106、107合期和108期，以〈上行之歌〉為總主題，寫了數十首短詩，只用數字編排，未訂子詩題，賞讀其部份。編號10。

在這裡
沒有青山
沒有綠水
沒有鳥語
沒有花香
也沒有白雲蒼蒼

卻有

你的歌
她的舞
他的笑
我的夢
我們的理想

永恆於記憶中
聚成焦點
等著
展示一席的片景

詩人歌友是小圈圈，唱歌、跳舞、誦詩，自成一個小小的「理想國」，自得其樂。也就不須要青山綠水，不一定要有鳥語花香，一樣可以快樂過日子。

在我的印象中，金筑樂觀知命，知足常樂，清心寡欲，喜歡唱歌，是個快樂的老人家。願他一路好走，到了「新世界」也是快樂的修行人。賞讀編號11。

不是畢業

而是開始
再揚帆　啓錨
情緒再煮沸
思想再揚波
勇敢　謹慎
看
遠方
有榮耀的
呼喚

在我印象中，金筑也是盡職的詩人，他也勇於創新突破，不斷再啟程、揚帆，思想再揚波，是他的特質，也是他的特色。永遠向遠方追尋，他的人生才有了境界，生命的價值得以提升。賞讀編號16。

由於機遇
我在你
你在我

　　的生活中激蕩起
一泓清泉
潺潺的流向
將
你的影子
我的影子
　　滌洗成
不朽的新姿
在長長的記惦中
化為晶瑩的河漢
　　夜夜　思念
　　夜夜　懷想

這首詩很有因緣觀理念，人生在世，會「機遇」的碰到很多人，產生相互激蕩，這是學習的過程。「你的影子／我的影子／滌洗成／不朽的新姿」，成長為全新的人，詩人活到老學到老！

金筑享壽九十多，在詩人中是高壽，人生百年經歷許多人事，寫這些詩時也過六十歲了。「夜夜思念／夜夜懷想」，那是他的鄉愁嗎？只有鄉愁、親人，才會叫人夜夜思念吧！

張太士

渡

手執長篙如矛
向河底軟泥刺去
越陷越深
疾進的竹筏
追逐排排前湧的水紋
追不上，還是追不上
手中的長篙
越來越重

休息片刻

挑釁的水紋漂走了
風，依然無法撫平
河水的輕浮
浮躁的竹筏
歇歇吧！
待會還得趕路

明寫操舟渡河，暗示人生旅程中有很多變數，不要以為一切都會平順，甚至可以自己掌握。其實生命中沒有一件事是完全獨立的，是完全與人無關的。所謂計畫趕不上變化，甚至有很多意外！生涯難以規畫！

「河水的輕浮／浮躁的竹筏」，暗示我們身旁賴以共存的事務（物），經常會有變化。面對變向，有時得暫停歇歇，靜觀其變。賞讀〈戀情之筆〉。

拾起昂貴的勇氣
伴著幾分的羞赧
細細密密
織在將遠遊的白雲

告訴她
我……

一九八九年台東師院

每個男生的初戀情境，或許女生也是。到了一個關鍵時刻，要把「我……愛妳」，說出口須要昂貴的勇氣。另一首〈同情之筆〉。

捏起一首小詩
含在嘴裡咀嚼
讓一絡一絡的甘味
給沒零食吃的孩子
嚐嚐

現代的小孩，零食真是無限多，還有很多選擇。但在筆者童年時代（民54年前），一窮二白的時代，小孩零食少，沒得選擇。詩人有同情心，捏起一首小詩，給小孩當零食嚐嚐！

張朗

無題

殺戮了幾十年
他
終於老得揮不動那把屠刀
步履蹣跚
他
走進神廟聖殿
拿起一串唸珠
他
成佛了。手上血跡未乾
仍在枉死城中受苦受難
他

屠刀下的無數亡魂
佛與聖人都說
這樣的情節
合理

後記：1放下屠刀立地成佛
2過而能改善莫大焉
3我懷疑這兩句話的正確性

詩人經由這首詩，表達對「放下屠刀立地成佛」和「過而能改善莫大焉」的質疑。筆者雖也是佛教徒，但沒有能夠解釋這種問題的能耐，歷史上很多真正案例，我所知道都從因果論解釋。

假設，有一惡人殺了十個人，之後放下屠刀，立地成佛；但被殺的十人仍在枉死城受苦，如何解釋其合理性。相信有高僧或專家可以解釋！只是吾等凡夫不知。賞讀〈偶像〉。

儼然王者，聖哲的裝扮
威嚴　肅穆
正氣懍然
不為藝術而創作的藝術品
一尊偶像

我不厭惡你的存在
也能學會如何欣賞
雕塑功力　色彩學的美
衣飾的考究
卻怕
法師給你開光

一旦扶上神壇
就有無數乩童
以你的名字
說謊

「偶像」有很多種，除了宗教上的偶像（所有的信仰都有），在現實社會上更多活生生的偶像，現代流行的術語「粉絲」，就是因有偶像而產生。幾乎所有領域，文壇詩界、政壇商界，到處是偶像，粉絲為偶像而瘋狂。

正常情況下，我們把歷史上的聖賢豪傑，孔孟李杜、秦皇漢武、老蔣老毛，當成效法學習的對象。正是所謂「站在巨人肩膀上」，他們也是偶像。

所以「偶像」好不好？見仁見智，也看你怎麼運用偶像！這是個人的智慧。但世間一切事，總是有善有惡，有說謊的乩童，也有說真話的乩童！詩人只是表達了他的看法！

曾美玲

小鳥之歌

曾經我是一隻
春天的小鳥，獨自探訪
遠方的幽谷
含著虔敬幻想的心

銜來朝陽與草香

曾經我是一隻
沈默的小鳥
悄悄停落　無人的小徑
尋覓花開又花謝
追蹤雲影舒卷
淡去不落痕跡

也一再低聲附和
溪水痴心的嗚咽
曾經我是一隻
相思的小鳥
戀愛著土地
穿梭人事糾纏
依傍在青山的沈穩

終於有一天
耗盡全部氣力
顫動著透明的翅翼
——夕陽下，你或曾聽見
一隻無名的小鳥
含笑吐出
最後的禮贊

這首詩寫得好，好在詩人已寫出「普遍性價值」，所謂「普遍性」就是有了「工具化」功能。即然是一把「工具」，就人人可以拿來用，任誰都可以「對境入座」，用來解釋自己的人生旅程，感受其中情。眾生都可以一隻小鳥，各自飛出不同情境，多數如這詩之風景。

童年都是一隻小鳥，年少時面對不熟的環境，好奇之外是沈默或羞澀。長大進入社會，必須附和許多人事才能把工作做好，有了好工作便進而談戀把「馬子」，成家立業，生兒育女。

你辛苦了一輩子，孩子們也長大了，也高飛遠走，開創自己的新天地。「終於有一天／耗盡全部力氣……含笑吐出／最後的禮讚」。這是眾生旅程的共通性，詩人如是走過，詩意特別深刻。

詩　薇

三月木棉

足足忍徹一冬心事
守得那乍暖還寒時分
青青似焰
就以情不自禁的驚顫
抖落一身霜衣

不須詔告天下
無需徵詢可否
僅憑朝陽星點的觸媒
遂將千萬盞心燈
綿綿燃起

遠傳近遞
炙熱晴空三月的水藍
抹亮低調徘徊的流雲

莫恨三月焚盡所愛
年年歲歲相思苦
有誰能了然？

從文學作品中通常也可以看出詩人性格。例如，你讀徐志摩、聞一多乃至余光中、洛夫……大致可以從他們的代表作，概略知其性格。因為每個詩人性格不同，都會或隱或顯的體現在他們作品中。

木棉不會表達什麼，有所表達全都是詩人創作時，當下內心所思所想的透露。「不須詔告天下／無需徵詢可否」，詩人有獨立自主判斷的能力，甚至可能是現代女性主義者，做什麼事都可以自主決定，不須徵詢誰的可否！

詩人也可能心中有所愛，經由三月木棉的意象暗示，「莫恨三月焚盡所愛／年年歲歲相思苦／有誰能了然？」凡夫你我他必有所愛，愛不到或愛到又失去，苦啊！相思苦！

魯松

心靈的故鄉

推開那扇小窗
讓陽光進來
睡醒的小屋一角
就不自禁的亮麗起來

青山的抹翠
映入眼簾的是一片綠色的田野
鷺鷥鳥徘徊其中
捕捉失散蜻蜓

相對默然
我們的信心依舊
山窪裡的樹知道

阡隴間的小花也知道
而這裡沒有愁腸
沒有塵囂
守住半日寧靜
畫風於萬有之上

一九八九年八月二十六日　台中

「守住半日寧靜」，就是心靈的故鄉，詩人多麼容易滿足，也有淡淡的感傷。因為真正的故鄉遠在天邊，人在異鄉為客，須有一個「心靈的故鄉」，以安頓自己的身心靈，尋求精神的淨土。

有思想、有境界的人，找尋心靈故鄉容易，一抹陽光、青山綠水、田園小坐等，都可以得到片刻「心靈故鄉」。但說詩意有淡淡的感傷，「這裡沒有愁腸」，說沒有便是有，此地無銀三百兩。賞讀〈失根的流年〉。

流淚不是悲秋
卻好像大哭一場
童年，在母親的搖籃邊
盡情的享樂
哭泣是天經地義的事

沒有病痛的日子
有時也覺得委屈
希望破滅了
苦難的腳步接踵而至
眼淚就變成了正義的訴求

英雄無淚
大哭一場有何妨？
世間多少不平等
放縱一時的情緒，強顏歡笑
儘管淚水有瀉不完的壓力！

男兒有淚不輕彈
失意的酸楚，成功的喜悅
歷歷在人生的畫面上
任有萬丈豪情
誰曾躲得過那沉甸的鄉愁。

一九八九年九月十日　台中

一九四九年給兩岸同胞製造了難以化解的鄉愁，真是天人同悲，人神共愁，百年難解，哭斷多少人的肝腸。但詩人終於解脫了，解脫了沈甸的鄉愁，《葡萄園》二一二期（二〇一六年十一月十五日出刊），刊出他的悼念詩文，有子青、謝輝煌、楊火金、詹燕山等人。

〈失根的流年〉甚為感傷，盡情享樂的童年一過，希望就破滅了，苦難追著人不放。直到「南渡」，落腳小島，也從此「失根」了！與故鄉就天人永隔了！

讓人更感傷的是，一九四九年南渡之人一個個走了。如今這裡地方被妖魔統治，惡搞去中國化，導至呆丸郎全部成「失根的一群人」。無根，如一塊走路的肉！

鍾銘樑

無　題

發狂　著迷
奮力　向前
方向盤
卻要緊緊地掌握

未然　強悍
豪情　奔騰
終場時
不免又回到了原點

八行小詩，意涵深厚，第一段可視為人生的戰略指導，第二段是人生的警示，或許也是人生的真相。

發狂、著迷時，人的情緒激動，很容易做出錯誤判斷，造成大錯。所以《孫子兵法》說「不可怒而興師」，正是這個道理，人在激動時要握緊方向盤，冷靜下來才能奮力前進。

但無論你如何努力、強悍、奔騰，「終場時／不免又回到了原點」。這可解釋努力不一定成功，或人生走到終站時，一切又歸零，回到原點。

但人生最後是否回到原點？這和個人宗教信仰、修行境界之高低，可也有不同觀點。例如，有道高僧和混蛋土匪，他們最後必有不同，否則誰來修行？賞讀另一首〈垂暮〉。

一

口乾　尿少
浮腫　頭痛
五苓散　有效
水聲澎湃

二

老人　痔瘡
小孩　蹦跳

血積　順暢
不再重複

三

用力　脫出
咳嗽　收縮
嵌住　回不來
不能推回

四

血　忍住
痛　不得已
無限　恐懼
不再惡化

五

紅腫　煩熱

感染　症狀
胸脅苦滿
就在病中

六

體質　虛弱
神志　混濁
疼痛　抽筋
又是處方

七

血流　不暢
氧氣　中斷
疼痛　劇痛
處方是一致的

近兩個月來，奔走於榮總和三總之間，又驗又查又切片，折騰老人啊！除了自己的問題，妻也是。總歸是老了！到了古稀之年，什麼問題都有了。感覺就像鍾銘樑這首〈垂暮〉之情境，但生活得打起精神，寫作仍是每日的修行功課！

現在是一個兩區隔的世界，一個是年輕人的世界，一個是老人世界，世界與世界之間沒有通路，只有愛因斯坦提出一個假設性通路叫「蟲洞」。

鍾銘樑〈垂暮〉，發表在《葡萄園》第106、107合期（民國79年2月出刊），那時他垂暮，如今已過三十年，健在的話恐已百歲。我不去問「古哥」，它一定知道。

謝輝煌

謝老大哥，和他在《三月詩會》有過數年因緣，他在詩壇以「公正嚴明」著名於世。我印象最深刻，是《三月詩會》每月在「真北平」（羅斯福路一段）雅聚，每人誦讀自己作品，大家公評。謝老對於寫不好或鬼混的，都當場提出糾正，有「三月詩會裁判長」之名。但有時大家難免臉紅脖子粗，為爭辯一個字的用法。賞讀他的作品，〈夜讀楚漢〉。

月冷烏江
舟子扶著顫抖的船篙

名雖不敢揚蹄
怕驚醒江東父老

鴻門早已醉了
聽不見項伯走漏風聲的馬蹄
玉珮捏碎范增的苦心
誰解項莊金劍的悲鳴

問天下誰是英雄
大地疲倦入夢
鴻溝披著蒼蘼的白袍
一路哀悼斷魂的虞姬

一九八九年十二月七日

《楚漢》和《三國演義》，大概是吾國歷史上最精彩的兩個橋段。歷史上說書、演平劇、歌仔戲、電視、電影，一演再演，永遠都有粉絲，因為外行的看熱鬧（很熱鬧），內行的看門道（戰略運用）。任何一場戰爭之成敗，必有各方戰略運用之對錯優劣，古今中外無例外，大戰略↓國家戰略↓軍事戰略↓野戰戰略↓戰術，永遠影響戰爭成敗，未來亦如是！

戰爭也給作家詩人創作題材，歷史上偉大的文學作品，大多源自戰爭的啟示，如《奧德賽》、《三百壯士》、《三國》、《楚漢》……舉之不盡。謝老這首〈夜讀楚漢〉，中國人都能理解，且能心領神會，老外讀起來就霧煞煞。賞讀〈十一年春遊福德宮〉。

你又看了十年紅塵
不羨南朝煙雨樓臺
自信蕞爾有伸腳的餘地
敞開山門
看雲來雲去
風光你的容顏

我也看了十年紅塵
看了十年花落山風
任小窗明月

不時安慰我的髮鬢
任你聲聲晚禱
攆我走向黎明

一九九〇年元月廿九日新正初三夜

人和神同樣過了十年光陰，二者心態有何不同，詩人寫出相對不同的心情。神，無論如何看雲來雲去（香客來去），都是依然風光，因為神不受時間制約吧！而且人有求於神！神永恆不老！

人，就不一樣，過一年老一年，過十年老十年，所以神要「不時安慰我的髮鬢」。一晃十年，老詩人有淡淡的感傷！

謝輝煌（一九三一—二〇一八），江西省吉安市安福縣人，「怒潮學校」學生，他寫了很多「怒潮史話」，至今仍在網路流傳。他雖已取得西方極樂世界簽證，他的作品仍在人間世界流傳著！

第五篇《葡萄園》詩刊(二)台客主編時期

《葡萄園》詩刊到了台客（廖振卿）時期，同仁約有半數變動，以第一四二期（一九九九年夏季號）為準，其同仁組成如下：

名譽社長：文曉村
名譽顧問：王在軍、王祿松
社長：金筑
副社長：魯松、宋后穎
主編：台客
編委：王碧儀、王詔觀、白靈、杜紫楓、花甲白丁、洪守箴、洪玲娟、筱華、晶晶、喬洪、曾美玲、詩薇、楊火金、關雲。
特聘編委等（略）

本篇欣賞台客、王碧儀、王詔觀、晶晶、杜紫楓、花甲白丁、洪守箴、筱華、楊火金、關雲等詩家作品。引詩人作品，均在《葡萄園》142、144期內，不另加註。

台客

台客（本名廖振卿，一九五一——）。長期（近二十年）主編《葡萄園》詩刊，全中國各省市都有他的粉絲，在兩岸文壇詩界都有很高知名度。無可質疑，他是現代中國著名詩人，他的作品也流傳在兩岸許多人心中。

台客也是勤勞的詩人，從一九九三年出版第一本詩集《生命樹》後，接著有《鄉下風光》、《故鄉之歌》、《繭中語》、《石與詩的對話》、《見震九二一》、《發現之旅》、《台客短詩選》、《星的堅持》、《與石有約》、《續行的腳印》、《歲月星語》、《種詩的人》等，共十三本詩集。

台客除了詩集外，也有詩論集、散文集多部，可謂是文學全方位能手。可貴的是台客雖台灣省籍，對中華文化、中華民族，都有高度認同，他有很多作品批判台獨份子，實在是愛國詩人，此且不論。賞讀〈那一夜，天搖地在動〉。

那一夜，天搖地在動
一排排的屋宇
像一塊塊巧克力
不停地被擠壓
蹂躪、撕裂著
啊！轟然倒地

那一夜，天搖地在動
睡眼惺忪中
人群四處奔走呼嚎
磚牆、梁柱、門窗
一個個都成冷面殺手
向你襲擊

那一夜，天搖地在動
血，汩汩地流淌
流成兩千餘個問號

它們以血塊以殘肢
紛紛地追問
這世界究竟怎麼了！

「血，汩汩地流淌／流成兩千餘個問號」。一九九九年的「九二一」大地震，又叫集集大地震，全台死了二千多人。天地不仁啊！

大地震發生後，台客數次從台北開車前往草屯、集集、魚池、水里、中寮、南投等地查看災情，做成詳細記錄，於次年（二千年）出版《見震九二一》，為歷史留下見證。

我在台客身上發現三種特質，一是詩人特質；二是中國傳統文化裡忠臣孝子的特質，他對台獨分裂社會、民族特別討厭；再者他慈悲善良。賞讀〈哀小販〉。

像蒼蠅
成群麇集
在餐廳門口
在觀光地區

見到觀光客
緊緊黏附
半兜售
半哀求

一個眼神
一個動作
都能令他們
興奮、緊張

為爭一口飯
這些菲國的子民啊
他們的自尊
不及一隻蒼蠅

四、六於馬尼拉

刊在《葡萄園》詩刊（一九九九年夏季號）的作品，大約就是一九九九年台客旅遊菲律賓見聞詩作。距今不過二十三年前，可憐的菲律賓，可憐的子民，國家不幸，人民悲哀！

但大家可能不知道（因被洗腦），菲律賓在馬可仕執政時代，是全亞洲僅次於倭國（日本）的第二富國。但反對勢力在美國的支持策動下，以「自由、民主、人權」之名推翻馬可仕。從此以後，菲律賓就陷入動亂！再動亂！動亂！且成為毒品、犯罪大國！

一個社會始終在動亂！動亂！動亂！動亂！其結果就是經濟垮了！各行各業都垮了。大家都貧窮！貧窮！在學術界有個專有名詞叫「菲律賓化」，就是指菲律賓從富有走向貧窮的模式。今之台灣也有「菲律賓化」現象，深值我們警惕。

王碧儀

「九二一」大地震後，台客三度從台北開車到災區勘災，並邀妻和二位侄子同行，可詳見《葡萄園》詩刊第一四四期，台客〈勘災一日記〉；並在該期詩刊策劃〈九二一大地震專輯〉，收錄五十位詩人的六十五首詩。賞讀王碧儀的〈呼求〉。

神啊　我切切懇求祢
在這塊稱為台灣的所多瑪
存在著許多的罪
貪婪　姦淫　黑道
迫害　自私　不義

神啊！在這土地上有十個義人沒有
有十個手潔清心的人沒有
祢叫地牛聳動起來
讓大地龜裂
讓高樓倒塌

建商腦滿腸肥
高官坐直升機俯瞰
他們平日作威作福
眼見山崩地裂　橋斷
下游的百姓叫苦連天

神啊！救救我們
請看在十個義人的份上
收回降罪的網
因祢說過祢餓了人們曾給祢吃
祢渴了人們給祢水喝

祢豈不見失去家人撫屍慟哭
遍地屍首猶如競技場
曝曬於太陽下
求祢用慈愛憐憫的手
安慰並引導祢的子民

神啊！我們好比以色列難民
流離失所　求祢寬恕
並指引我們走向那
有水邊的溪地

使祢拯救的福音廣傳

註：所多瑪是聖經中罪惡之城，亞伯拉罕以城中有十個義人，求神勿降罪該城。

「所多瑪」是聖經中的「罪惡之城」，說「在這塊稱為台灣的所多瑪」，也等於說發生大地震的地方是罪惡之城，災難是神降罪給那裡的「罪人」。但罪已降了，災難也發生了，人民也承受了苦難，求神「收回降罪的網」有什麼用呢？

這個地方「存在著許多的罪／貪婪　姦淫　黑道／迫害　自私　不義」，說的正是台獨這鬼地方，天怒人怨，遭到上天降罪。但從「九二一」到現今，這小島更澈底的沈淪，政治人物公然說謊、吃相難看，上天（神）也該來收拾了。台獨份子禍害台灣人民，應該求神盡早回收這些給人民製造災難的禍害。

這首詩明顯求基督教的神來救苦救難，使福音廣傳。但從一千多年來的基督教發展史看，基督教給人類帶來的災難大於福音。遠的不說，從十五世紀開始白人佔領北美、南美、澳洲及亞非各地，都高舉「以上帝、基督之名」對原住民大屠殺，這些地區原住民險些絕種。

到了十九、二十世紀，基督教本質上沒變，仍是「白人帝國政權」的先鋒隊。因此，中國應該盡可能杜絕基督教的傳教活動，或至少在國家管控之下。

我遇到不少基督徒，都已儼然無父無母、無祖無宗，更已沒有國家民族，開口畢口只有亞伯拉罕，好像自己是猶太人或以色列國民。我只有一種感覺，好可怕！

王詔觀

意亂情迷

是誰？
使平靜的心湖
又翻攪不已

很久沒有尋夢的感覺
只因你
曖昧地闖入
一股糾纏熾烈的情慾
遂裝進了
無止盡的深淵

寧願終身
被愛綑綁
在最年輕的記憶裡
無需太多理智

就讓彼此沉浸在
脫軌的快意
不管經歷多少個
難分難捨的　夜

有一個已停經的中年婦人，有一天發現自己下體有血，她心想著早已停經了，一定是得了病。緊張得趕緊去看婦科醫生，左查右查，無任何病症，經驗豐富的醫生說話了：「這位婦人，恭喜妳！妳談戀愛了！」正是，婦人把最近和一個喪妻的男人打得火熱的事告訴醫生，醫生說談戀愛會改變人的生理現象，因為重新又啟動了性激素！

〈意亂情迷〉一詩，是觀賞劉再興茶壺展作品，但我認為和茶壺沒什麼關係，完全是詩人心思的啟動。詩寫得很好，愛情就是跟著自己的感覺走，「就讓彼此沉浸在／脫軌的快意／不管經歷多少個／難分難捨的　夜」。啊！快意人生！賞讀〈鋼琴家的手〉。

專注的意象
正思索著如何起舞

羽化的翅膀
撥弄著音符的渴望
纖柔的指縫
不斷翻譯著
人間的詩歌

靈感
在五線譜的林梢
跳躍
啓蒙慵懶的聽覺

去抓住
稍縱即逝的鳥聲

觸動琴鍵
塵封的記憶
打開一扇創作之門
盡情揮灑理想
如此才能豐富
它們黑白而單調的生命

藝術的曲線
環繞著第六感的美學
無限禮讚
已凝結於
多少驚嘆的眼睛

把鋼琴家的手形容的出神入化，有如會跳舞的舞者，「正思索著如何起舞〃羽化的翅膀……」把想像力發揮的極為鮮活。想來，寫詩和彈琴都須要捕捉靈感吧！

靈感來了，山都擋不住，如高山流水，如自然美景，「靈感／在五線譜的林梢／跳躍／啟蒙慵懶的聽覺／去抓住／稍縱即逝的鳥聲」。啊！詩人和鋼琴家都在盡情揮灑理想，追求人生和藝術的高峰！

晶晶

世紀末的風

世紀末的風　寒寒地
吹得房市低迷
股市萎縮
燈上的指標越綠越藍
把景氣吹向太空

金與權　據說是
最理想的夢幻組合

以虛擬實境的手法
向空捕捉遠去的奇蹟

仍在風中顫抖的
這市　那市
正等著「劫貧濟富」以及
「降稅」的援手
好讓美麗的泡沫
變藍變綠
變黃變紅

古今以來，人類社會的競爭謀奪手段，在本質上完全沒有改變。從古希臘、羅馬，今之列國，乃至我大中國之歷朝歷代，夏商周秦漢……宋元明清、現代中國，都是「權力通錢力」。權力和財力本是一家人，未來亦如是，人類社會恆久不變的定律。

但權力和錢力都是死的，都是人在運之用之，可為惡，亦可為善，問題都出在人。所以人才是天大的問題，權力和錢力本身不是問題。

定律也並非四海都準，不同的政治制度也有很大差異。大體上，資本主義（西方民主政治）社會，易於貧富兩極化，且「劫貧濟富」；社會主義（中國式民主政治、北歐），貧富較均，且「劫富濟貧」。賞讀〈唯一的空前——武則天〉。

站在眾多帝王之間
你是唯一的美人
從傾軋的權謀中脫穎
你是唯一的強人
重典　酷吏
後宮三千　如果說
你是歷史的罪人　只因為
你是唯一的女人

治國掄才　重農固本
鞏衛邊陲而通絲路
從輔政　垂簾而面向群臣
左柔荑　右鐵腕

掌握著大唐基業
播種下開元盛世
十五年的武周　縱然
成就了聖神帝號　終究是
為人作嫁
美人　強人　罪人　女人
你只把自己定位在
唯一的空前　留下
一塊無字墓碑
任爾解讀

武則天是功是過！可能永遠也沒有定於一的定論，如同歷史上所有帝王將相，總有正反乃至多層面的功過論述。成就了作家、戲劇家、小說家、詩人，有了一個鮮明人物，可以成為創作題材，觀眾讀者們，才有機會滿足看熱鬧的欲望。

武則天立無字碑，民間有五種說法：一、功高德大無須說，二、自知罪重不能說，三功過難定就不定，四、稱謂難說不能說，五、碑文爭論不休，碑就空著。要詳加論說，至少要一本博士論文。

杜紫楓

該覺悟了

就在
政治惡鬥打得天昏地暗
黑道金權肆虐橫行
環境污染破壞無遺
就在
領導人祭出兩國論招牌
激起對岸血脈賁張揮武恫嚇
地牛再也不耐　一聲怒吼
別鬧了　煩　煩　煩
狠狠翻了個身
瞬間
山崩地裂　樓塌路斷
生靈活埋　哀嚎四起

親人骨肉　天人永隔
「傾」家「蕩」產一無所有
可憐
母親緊護嬰兒犧牲自己
阿媽雙手合十乞求上蒼

所謂「人在做天在看」、「舉頭三尺有神明」等民間最常聽到的警語，很多人以為無所謂，一樣壞事做絕。但其實很靈驗，夜路走多碰到鬼，因果報應不是不報，時候未到！

一般人幹壞事，自己一人承擔後果。若是一個大集團領導人使壞，可能很多遭殃，天道必會啟動天譴。紫楓這首〈該覺悟了〉，就是天譴警示，搞兩國論，分裂國家民族社會，禍國殃民，天怒了。「地牛再也不耐」，狠狠的翻個身，就死了二千多人。二千多冤魂們，找老李要命啊！賞讀一首〈東山再起〉。

心墜入谷底
可會再爬起
可會

再見旭日東昇
再遇春風拂面
再嚐得果實的甜味
告訴自己
世界怎麼會是醜的呢
乾涸的河
會有春雨眷顧的時候
人生怎麼會是苦悶呢
度過寒冬的鳥兒
正在枝頭歡唱
那麼　請
垂下希望、信心與愛的長繩
心別再哭泣
仔細聽春天的聲音
抓緊這根長繩
爬出陰暗
告知天空

你是擊不倒的英雄

怎樣才是「英雄」？很難有個固定形像。能夠東山再起（如越王勾踐）是英雄，沒機會再起（項羽、夫差）也是英雄；文天祥、岳飛乃至清末「六君子」都是英雄。不知為何！英雄總是悲劇居多！

紫楓這首詩很有鼓勵性，身為常民百姓的大家，只要能勇於面對失敗，永遠懷著希望、信心和愛，就有東山再起的時機，你便是英雄。

常言道，人生不如意十之八九，世間原本沒有完美之事。因此、困局、挫敗、跌入谷底，其實是人生的常態，失敗了就要去跳太平洋是不可取的，天無絕人之路，希望和信心在，必可找出新路子走！

花甲白丁

贈老人

腦　要動
身更要動
切勿閑在回憶裡
發愣

發慌

當丟則丟
當留則留
老悶在心裡　久之
終有再度發酵之虞
是兒女的還給兒女
是自己的亦應收回
轉移夢境
有其必要
而酒也並非是個可靠訴苦的對象
唯有青山綠水最能解愁最能消悶

一九九九年元月三十日脫稿小港

很平常卻很有深度的作品，對現代社會老人而言。現代社會因家族觀念瓦解，形成以小家庭為主的社會，傳承觀念也斷絕。因此，一代人只為一代人負責，孩子和父母是活在兩個世界的人。

所以老人要懂得為自己設想，「是兒女的還給兒女／是自己的亦應收回」。這裡面學問很大，什麼是兒女的？什麼又是自己的？

我感到很安慰的，現代社會雖有不少很負面的，也有很正面的。例如，現代老人因資訊發達，也學到很多過日子的方法，到很多觀光區、飯店等，老人家已成了主要消費人口。這是可喜的，代表老人很會過日子，有了自己的生活圈。賞讀〈自白〉。

並非想與誰爭食掌聲
更不是為了留名萬古

我苦讀
我勤寫
祇是　為了這殘餘的
生命　不再受到傷害

當然
我雖非釣客
但亦非白痴
面對著撩目的風光
能不眼饞不動情嗎

可是
這浪花般的腳印啊
能詩住誰
感動誰呢

一九九九年三月十日脫稿於米棧村

「我雖非釣客／但亦非白痴／面對著撩目的風光／能不眼饞不動情嗎」。這幾句很有意思，表面上說自己不是「釣客」（不主動釣取或求得什麼），也不是「白痴」（什麼都不想要），面對著「撩人」的風景（美女），還是會動情的。暗示不主動「把妹」，但有美人主動「撩我」，怎能放棄呢？是啊！你是男人嗎？

花甲白丁苦讀、勤寫，有酒有詩，也定有美女讓他動情，這輩子值得了。詩末有點感嘆！「可是／這浪花般的腳印啊／能詩住誰／感動誰呢」。也確實，一切有為法，如夢幻泡影，兩腿一蹬，人生這一世，便如沙灘上的腳印，瞬間無影無蹤！

洪守箴

九二一的震撼

秋已濃濃
夜也濃濃
萬家燈火
逼映星空

山已默然
水也柔柔
塵囂暫歇

諸家人兒
正入酣夢

這廂高樓櫛比鱗次
睥睨匍匐的瓦昔
　貼地的翠綠
　跨水長橋
……
那廂山神勞頓
審視秋山清露
　鄉野家園以及
　萬方人眾

正是榮景宜人
碩果豐穰時節
可是　可是
暗夜突來三十秒的狂震

撕裂地表
高樓不再樓高
危屋裡的人兒就此長眠
風景頓失
驚悸綿綿
瓦礫廢墟
悲情連連
……
山不再穩重
顫脱悦眼風情
抖落巍巍磐石
斷河造湖
彎路無路
平坦不坦
……
是天災難違

或巧遇難躲
誰來做主
誰來說清楚

「是天災難違／或巧遇難躲」，這個問題有很淺的解釋，也有很深的解釋，更科學與非科學的種種說法。總而言之，永遠都沒有定論，到底是天災或人禍，乃至眾神生了大氣，降禍給這裡的人，以示重懲！

先說很淺的解釋，就是天災和機率，這是所有政客最愛用的說法，可以把所有責任乃至非法吃掉的工程款，全都死死蓋住。推給天，是天神不仁，推給機率，就是碰到了，沒辦法！這就是政客嘴臉！

也有很深的解釋。按佛教因果因緣論，宇宙發生的一切事，形成的一切物，必有「因」和「緣」兩者和合有關。一個大地震的形成，有很深的因緣，難以三言兩語說之。而大地震中有生有死，也和個人累世因緣有關，這種「甚深微妙法」，唯佛能知。

另就常情常理論，世間極少純粹的天災（可能只有隕石撞地球）。絕大多數災難，如「九二一」、倭國之「三一一」、美帝之「洛山磯大地震」等都是災難慘重。部份是天災，也有更多人禍原因，「誰來做主／誰來說清楚」，無人能做主，誰也說不清楚！

洪守箴這首詩做為一個災難日的見證者，隨著時間流失，二十年、三十年、五十年……人都走了！忘光了！詩就成為後人考古的證據。

筱　華

生命山水

將思念碾成墨
和著淚水
用悲情的筆
畫下生命中
淒風苦雨的臉

深鎖的眉是山
盈盈的淚是水
那剪不斷理還亂的思緒

是楊柳
而我無聲的靜默
是留白

在人生的畫冊上
用歲月潑墨
用夢境寫意

顯然輕舟已過萬重山
霧已漸漸散去
或許山的那邊
柳岸花又明
雲淡風也清

這世間不知道有什麼人？從生到死，一輩子都風調雨順，人泰平安，無苦無病，無災無難，福祿壽皆全，最後含笑而去。想必是沒有，享盡榮華富貴，位高權重，呼風喚雨，但他出身很悲情，倭國竊佔台灣時，倭人警佐和台灣下女的孽種。苦啊！

一生找不到「我是誰？」的定位，只好用權力灌醉自己！

眾生皆有病有苦有難，詩人也會碰上。「將思念碾成墨／和著淚水／用悲情的筆／畫下生命中／淒風苦雨的臉」。感傷啊！詩人定是碰到親人離去或懷念親人，才有如此深刻的情傷。

幸好詩人終於走出淒風苦雨，面對美麗的生命山水。「顯然輕舟已過萬重山／霧已漸漸散去」，再行一程，柳暗花明又一村。賞讀〈思念〉。

天空飄著雨
雨珠落在泥濘地上
跳著快板的小圓舞曲

我在落地窗前
試著將思緒沉澱

思念翱翔在遠方
忽然　停頓在我的心坎上

情緒的水位不斷上漲
淚決了堤

時間搭著快車超速行駛
生命已然毫無美感地流逝

而我未竟地夢與年華
竟然一齊老去

其實我要的真的不多
只想找個可以倚靠的肩膀

思念，是一種奇妙的情緒，也似乎和年紀有關，稍微有點年紀後，思念（主要是思念遠去的親人，尤其早逝的父母）更為深刻。看到類似自己情境的故事，更使「情緒的水位不斷上漲／淚決了堤」，詩人多是多情種！

但這首詩，詩人所思念不止是，也許思念時間流逝，還沒有完成的夢境也同年華一起老去，青春竟一去不回，能不「淚決堤」乎？最後詩人說要的不多，只想要個可靠的肩膀。其實靠人人跑，靠山山倒，只有自己的肩膀才是最可靠！

楊火金

哭叔父

咽下最後一口氣
告別人間，留下一具
臭皮囊

一生崎嶇
換得數聲輕喟
幾聲哭泣

是否離開了那具殼
才真正感覺到
落落自有時

佛說：「離苦得樂。」
但西方在哪裡？
淨土又在何方？

啊！阿鼻地獄
顯現在
震天價響的哭哀聲中

在大自然定律中
移花易時
何其可能

裊裊清香，一坏黃土
引您入永恆的天地中
哀哉　尚饗

這首詩透過哭叔父，探索人生的苦樂本質。佛教因在我們中國發展了兩千多年，已成為中國人普遍的信仰，往生就要做「佛事」，以助死者往生極樂世界。

佛教認為人生有八苦（生、老、病、死、愛別離、求不得、怨憎會、五陰熾盛），所以人生的本質是苦。死亡就習稱「脫離苦海」或「離苦得樂」，但經由修行到很高境界，也可以離苦得樂，例如《心經》所述：「乃至無老死，亦無老死盡……能除一切苦，真實不虛……」。

詩中提到「阿鼻地獄」，乃是地獄之一種。生前為大奸巨惡之人，如製造國家民族分裂，製造社會族群對立，此類禽獸不如者（如台獨份子），死後都到阿鼻地獄。

但眾生都是有生有死，生死為何？乃千古難解之命題。各宗教、各學派看法都不同，西方存在主義認為人生是荒謬的過程，因為出生之後的目標就是死亡，人人都向著死亡前進。說的也沒錯，那為何不明天就去跳太平洋？？

關　雲

我「醉」微醺卿留步

某個周末午後
飲紅葡萄酒之後
自微醺的夕陽口中釣起

一尾尾
燦焰的霞光

當咖啡與好茶的氤氳升起
獨佔陽臺
觀窗外的中庭
面對滿天紅色餘暉
和點點燈火相映
多數的謬斯對戀家的眷念者
心情有獨鍾吧　於是
暫不去庭園認證　那
百卉展顏的季節
什麼是它們的失落
人生舞臺
最完美的演出應包含謝幕
默想曾是今世風華的起落
遁跡後獨藏

關雲，讓詩壇懷念的女詩人，曾獲優秀青年詩人獎，一九九四年與女詩人莫野（李彥鳳）等多人創辦《谷風》詩報。我和她在《三月詩會》也有多年因緣，可惜她大約在六十六歲時，因病取得西方極樂世界的簽證，在新的國度應也是一個女詩人吧！

「人生舞臺／最完美的演出應包含謝幕」。即是說，人生舞臺的中前段，不論多麼風光，多少榮華富貴！如何的幸福美滿。但到老的時候突然大轉彎（如老蕃癲李登輝），晚節不保，不得善終，都是人生舞臺的不完美，一種很大的遺憾。

身為小老百姓的我等詩人，沒有大權力可以指點江山，不過是一介草民，但要「善終」也不是那麼容易。原因之一，人是社會動物，活在群體因緣中，任何關係處理不好（或惡化），就難以善終。原因之二，更多的是身外無法掌控的狀況（如天災人禍等意外），都會突然改變「謝幕」時的命運。所以，人能得到善終，是累世之福報所形成，此為詩人酒後所悟吧！賞讀〈綠色〉。

綠色　浸潤我們的生活與靈魂
喜見萬物甦醒
一粒粒種子伸頭張望

高枝的眾鳥躍躍欲試飛翔的翅
綠色的騷動向遠山擴張
感謝上蒼賜人們一雙慧眼
讓咱在暗處尋光明和朝氣
呵　我深深深深愛極的綠色
把生的綠
在深冬裡協奏出生命斑斕的曲調
大地張臂擁抱新生向上

綠色，是生命的泉源，地球上因有綠色植物，進行著光合作用，並產生氧氣，一切眾生才能存活。但現在人類對大自然已造成嚴重破壞，大量砍伐綠色植物，使人類和其他生物都有了生存危機，這是「綠色問題」。

青山綠水人人愛，綠色是多麼可愛。但綠色如果成為一種「恐怖」，就不可愛了！那是人民和社會族群的災難。我說的正是我們所在的這鬼地方，台獨惡搞反民主、反人權、反自由的，這個中國現代活生生的政權下，所做所為正是「綠色恐怖」。

詩人的綠色多美麗！多可愛！多真誠。而台獨妖魔的「綠色恐怖」多醜惡！多貪婪！多可怕！至少在我的春秋筆下，早已如是定位！那些撕裂社會、族群的禍國殃民份子，必將受因果報應。不是不報，時候未到！

第六篇《秋水》詩刊(一)涂靜怡時代

《秋水》詩刊於民國六十三年元月一日，由古丁和涂靜怡創辦，至今（二〇二三年、民國一一二年元月），正好四十八年，發行到第一九〇期。

《秋水》的前四十年（創刊到一六〇期），可以說是「涂靜怡時代」，之後到今則是「綠蒂時代」，雖同一詩刊，但兩個時代的同仁組成不同，風格也不一樣。本篇僅述涂靜怡時代，按《秋水》第六十一期的同仁組成如下：

創辦人：古丁　　發行人：綠蒂
社　長：雪柔　　主　編：涂靜怡
編　委：麥穗、一信、藍雲、童佑華、劉菲、汪洋萍、薛林、陳寧貴。
顧　問：墨人、胡品清、張秀亞、朵思、彭捷。
國內發行負責人：張朗
美洲地區代表：心笛
香港代表：藍海文

本篇欣賞涂靜怡、雪柔、麥穗、一信、藍雲、劉菲、薛林、藍海文、心笛、張朗、彭捷、胡品清等作品。所引詩人作品均在《秋水》60、61兩期內，不另加註。

涂靜怡

涂靜怡大姊，一個出身寒微，又把一生青春獻給《秋水》詩刊，著名於現代兩岸的女詩人。《秋水》能在古丁意外取得西方極樂國簽證後，由她一肩撐起，走過四十年，功在詩壇，功德圓滿。

她是桃園縣大溪鎮人，父母早逝，童年在貧困中長大，以半工半讀完成學業。一九六七年開始發表作品，一九七四年與古丁創辦《秋水》詩刊即擔任主編，持續四十年，直到二〇一四年（一六〇期）止。可詳見涂靜怡著，《秋水四十年》（台北：詩藝文出版社，二〇一五年二月二十七日）。賞讀她的近作，〈今夜〉。

倏地讓我
興起一縷自我放逐的意念
默然捧起一本書

走入書房的一角
燈下
一種沉寂　瞬息
溢滿扉頁間

故事的情節　絲絲入扣
一行行
都是順著古老的宿命論
叨述

光陰寸寸流失的今夜
感覺　昨日已成風
一顆漸老的心
彷若風中之燭
隨時都有熄火之慮
搖擺間
往事依舊歷歷

獨占　今夜
低落深淵的心情

寫於二〇一九年九月二十五日

轉引《華文現代詩》第二十三期，二〇一九年十一月

涂姊的作品以典雅，唯美著名世，每個詞句都要長的美美的，她才喜歡。但這首詩讀起來多麼叫人感傷，不像往昔作品除了唯美更體現一種「軟實力」，「一顆漸老的人／仿若風中之燭／隨時都有熄火之慮……低落深淵的心情」。所謂風中之燭也多麼危險，真的是老了嗎？

雖然眾生都會老，但每個人的路途情境都不一樣。詩人有如是之感嘆，必有背景因素，今夜她在書房一角，寂靜中回首前塵那四十年，「故事的情節　絲絲入扣／一行行……」。啊！《秋水》四十年，都過去了！往事歷歷如眼前，感傷啊！賞讀一首比較清新、健康的作品，〈春在行旅中〉。

春天像一間迷彩屋
妝點著無數　童言童語

童稚的思維
靦覥的笑顏　還
漾著慧黠的眼眸
彷彿
要洞穿這個世界的奧秘

成長是春天的夢
痴情是青春玲瓏的手環玉
圈住了　未知的未來
春天也像一本故事書
經典處
是翩翩起舞的風
俐落越過無際的原野

春在行旅中
在紅塵外
行行復行行

在你我之間
也篤定在我們迎新的
心境中

寫於二〇一八年歲末
轉引《華文現代詩》第二十期，二〇一九年二月

這首讀起來讓人有好心情，有迎新的感覺。首先，迷彩屋是快樂的地方，童言童語是純真無邪的世界，而兒童也象徵未來的新希望，這就是春天的風景。

接著春天讓人有夢想、有理想，就算是一種「痴情」，也可以圈住未來的希望。所以春天像一本故事書裡最精彩的那一段，叫人心胸開展如原野，人處在這樣如夢境的自然原野中，心情自然好。

最後，春在哪裡？其實就在我們心中，心中有春天，四季如春；心情天天下雪，就算到了春天，也不覺得是春天吧！二〇一八年歲末迎接新年的到來，涂姊總算有了春天的心情。祝福她，天天是春天！

雪柔

偶遇——赴韓乍見該地方冬第一場大雪有感

北國思念春日的淚
紛紛墜自天際
俯吻山川
府吻林間
且輕覆在鄉間小路的人家屋瓦
十分溫柔地
作一種全然擁抱的姿勢
雪，你的名字也叫情愁

該譯注你成童話中的典故呢
還是只拷貝雪地嬉耍的純真
留在無情歲月慢慢咀嚼？
有人漸行漸遠

眼淚中模糊了腳印
恰似眼前驚天動地的情變
等韶光走過
就註定了遺忘和衰老
不堪回首的淒遲心情

只想沉默成雪鄉中的一株小樹
靜靜地眠去
不再對人世辯白一個字

「雪，你的名字也叫情愁」，說的就是詩人雪柔嗎？說「靜靜地眠去／不再對人世辯白一個字」，對這人世間是多麼失望。詩人只是赴韓乍見一場冬雪，那是異國，怎會如是情愁，與雪無關，與心境有關。

定是詩人走過漫長的人生路，除了歲月流失，童年嬉耍的純真只剩回憶，現在所擁有的是「遺忘和衰老」，怎堪回首？

整個來看詩的情境，詩人只是一個小小的小我，面對一場大雪，這主客和大小之間落差太大，因而詩人才有一種無力感。就像一個小人物要面對一個大世界，也是不須「辯白一個字」。賞讀〈請讓城市呼吸〉。

別再用搖錢的手
搖落我們城市的綠蔭
請記得
讓我們的城市呼吸

一樣的圓山落日
不一樣的台北天空
先民的足跡曾經循著蒼莽綠野
探索再探索
流連向基隆河或更遠的淡海
豪氣嘆道：好個「關渡八景」
我小小的孩子卻問：
墨汁一船的河水
曾經清澈過歌唱過嗎？
每一個走近中年的你

是否也曾在暗夜嘆息：
「淡水暮色」是民謠中如歌的行板
而今是反諷的生態悲唱
是否想要再甜美的呼吸？
是否恆念那一方蔭涼
以及—
代代子孩含淚帶笑的小唱？

判斷這位女詩人是和我同時代的人，也就是「戰後嬰兒潮」之一員。我們的童年青少年，走過一九五〇、六〇年代，那時台灣的每一條溪流，小朋友在裡面「摸蛤兼洗褲」，到處是青山綠水，不是只有「關渡八景」。

然而，這一切都回不去了。政客不管「城市呼不呼吸」，廣大的人民群眾被政治嚴重洗腦亦不覺悟。例如二〇二一年公投「藻礁」要不要？台獨動員政治宣傳，大家竟同意「犧牲環保」，不可思議！這鬼地完了！

再者，現代化也被錯誤運用，以為只要經濟發展，追求更高的ＧＤＰ，就是大家所要。於是，城市不能呼吸，地球也不能呼吸！只剩詩人的詩，一聲嘆息！

麥穗

蚯蚓說——來自地下的回音

這裡沒有半夜
當然也不曾有三隻
我們想叫就叫了
地底下原只是一片死寂
有點而聲音也可顯示
並非毫無生氣

沒有紛雜的生活環境
我們活的挺舒坦
自然也不會有什麼不平
除非碰到了堅硬的岩塊
我們可以繞道而行
因為沒有骨頭
也就不必硬是要挺起腰幹

蟬是在歌頌那陽光嗎
我們認為那是悲鳴
和我們相處了好一段日子
好不容易出土蛻變
當面對著光彩奪目的世界
卻是面臨死亡的短暫

我們的生活中
只擁有一塊泥土
和一片單純的黑
所以不必你爭我奪
也不會有抗奪和示威
因為我們已經習慣
不會去希冀地層上的
那些複雜的五光十彩

一九八七年九月七日初稿
一九八九年三月五日重寫

註：讀林煥彰〈蚯蚓——來自地下的聲音〉一詩有感而作。

好一首「蚯蚓的自述」，從蚯蚓的觀點看世界，蚯蚓有沒有「觀點」？「子非蚯蚓，安知蚯蚓有沒有觀點？」誰也不知道。但詩人是比孫悟空更神通廣大的物種，他只會七十二變，詩人則可以千變萬化。

詩人寫鳥獸，自己變成鳥獸，詩人寫魚兵蝦將，自己就變成魚兵蝦將，詩人無所不能，無所不變，無法無天，想變什麼就變什麼！神仙也做不到。此刻，詩人化成蚯蚓族，從蚯蚓看天下，甚至給人類警示或暗示。

「我們可以繞道而行／因為沒有骨頭／也就不必硬是要挺起腰幹」。暗示凡事不一定要強出頭，不要直接硬幹，「間接路線」才是最好的選擇。

「當面對著光彩奪目的世界／卻是面臨死亡的短暫……不會有抗奪和示威」。警示人類社會看似光鮮亮麗，光彩奪目。但潛藏著你爭我奪的殺機，還不如向我們蚯蚓族類學習，安靜過著舒坦的日子，這才叫幸福美滿吧！賞讀〈澎湖印象〉。

在澎湖
你只能聽到海的
聲音
甚至在街上

各式各樣的魚乾們
還是在鹹鹹的海風吹過後
嘐嘐地訴說他們故鄉——
海底的那些往事
那一灘匍伏著的野菊花
搖曳生姿的得意
只不過是季節風走後
乘機佔住這一空檔
讓小島難得展露的一片
風景

至於樹
像是一排排堅強的殘障者
被強風摧殘成
只有一半是鮮活著
然而這一半翠綠

依然快樂地讓島上
充滿了生氣

一九八七年再度訪問澎湖後作

詩人現在又化做一條澎湖街上的魚乾，聽著「同類」在「噝噝地訴說他們故鄉／海底的那些往事／那一灘匍伏著的野菊花……」。這是魚乾的「鄉愁」吧！或更嚴重，永遠也弄不懂，為什麼被人類捕住，丟了小命，還被製成魚乾！回到人的世界，這是所有離島商店的共同風景，有各式各樣的海產，新鮮與乾貨，應有盡有。澎湖以海風著名於世，所以海邊種很多防風林，向風面的樹必然日夜受風摧殘到不成「人形」。因為向風面樹的「犧牲」，才使後面的樹充滿生氣，快樂生活著！

麥穗是《三月詩會》僅存的元老，他因長期在森林工作，寫了不少有關森林的詩，有「森林詩人」美譽。二〇二一年底的文藝雅集尚碰到他，祝福他長命百歲！

一信

一信也是《三月詩會》元老，筆者對他的作品有較多的研究。可詳見拙著《一信詩學研究：解剖一隻九頭詩鴞》，由台北文史哲出版社出版發行，二〇一三年七月。全書三百多頁，可以當成一信的「生命和文學回憶錄」讀，也可以粗步理解大陸來台老一輩詩人的鄉愁，為何濃得化不開。此處欣賞他在《秋水》的作品，〈江湖行〉。

少年離家，浪跡萬里
四十年江湖歲月
闖蕩而過　多少
快意恩仇　刻骨愛恨
都淹沉沒入
今日的惘然中

昔日　昔日
你是一陣風

拂過　似鏗鏘而悄然
起端在勁發之呼嘯
消失於一聲　輕喟

昔日　昔日　昔日
歷過千山萬水　槍林彈雨
在砲嘯聲下豪飲　叢林中對決
擁數不清純情少女的初吻
纏綿嬌柔情婦之繾綣
編輯桌上焚膏繼晷
會議場中慷慨陳詞
多少理想　多少志願
多少方案　多少策略
……
都已成為昔日

江湖　江湖
江湖染白了我的頭

江湖磨平了我的銳
江湖折斷了我的鋼
江湖扭彎了我的直

如今　少年子弟江湖老
如今　如今　如今
生活在家的囿域中
生活在薪水的餵食中
生活在丈夫、父親磨擦聲波中
生活在長官、部屬躬身如儀中
生活逼我
　呼天洩憤　搶地拋淚
如今　如今　如今
祇有寫詩　寫詩
　是我尚未死僵的唯一生活

一九八九年二月二十七日初稿

三十多年前的作品，判斷此時一信大約六十歲左右。就「祇有寫詩　寫詩／是我尚未死僵的唯一生活」，難道那時天下已不可為嗎？或詩人太悲觀；或太憂國憂民，「呼天洩憤　搶地拋淚」。如果和現在這台獨相較，面對台獨邪惡罪行，詩人豈不要跳太平洋了！

雖然從「大陸流浪到台灣」，詩人這輩子也經歷各種戰場，砲聲下豪飲，槍林彈雨，編輯桌上，會議場中。尤其曾經風流，「擁數不清純情少女的初吻／纏綿嬌柔情婦之繾綣」。身為詩人、男人、英雄，這輩子都值得了，雖然都是昔日，也是值得！因為你曾經擁有。

歲月摧人老，又被江湖搞得「頭白、銳平、鋼斷、直彎」，導致現在「在家中囿、親人磨擦」中。這不就是人生的常態，乃至是生命的「共相」嗎？

一信在數年前，曾動過大手術，他自己說已到了鬼門關，被告知陽壽未盡，又回陽了。這當然打趣的說，回陽後他仍努力寫詩，祝福老詩人長命百歲！

藍　雲

藍雲（劉炳彝），一九九三年《三月詩會》創立，是十多位創會者之一。一九九七年元月，他又創辦了《乾坤》詩刊，他應該是一個很有理想，又有實踐執行力的人。我敬佩有執行力的人，我碰到過很多只剩一張嘴的人，天天空談幻想！沒有一點點實踐力。賞讀藍雲的作品〈晚鐘〉。

你就這樣嬝娜地升起
如縷縷輕煙
在一飽經蹂躪
迤邐而出
一幅悠然見南山的畫面

當金烏歸去
就是你我約會的時間
陶醉於你的軟語溫存
讓我忘卻了
這人間的喧闐
在你的引領下

我常神遊於一無塵染的天地
但見你凌波微步處
化成蓮花朵朵
在一朵白色的蓮花中
驚見一個幾已陌生的我

這首詩意境頗高，而詩人本身也有所暗示，暗示自己從「人」昇華到「菩薩」。「在一朵朵白色的蓮花中／驚見一個幾已陌生的我」，此刻「凡夫的我」看到「端坐蓮花的我」，尚在存疑，故說「幾已陌生」的我。想來詩人在佛法上的修行，多少已有所悟。

「晚鐘」，寺院敲響晚鐘，詩人從聽覺移到視覺，甚至想像與美人的約會，陶醉在美人的軟語溫存；進而引領詩人神遊純淨天地，昇華到菩薩的境界。這是聞晚鐘，詩人得到的啟蒙。賞讀〈命運的主人〉。

那敢於向一切權威挑戰的人
曾豪情萬丈地說
「我要做自己命運的主人！」

而現在，當他一坐上汽車或飛機
卻不禁默默地對著司機或機長說
「我的命運全交給了你。」

這首詩也有很高的暗示性，暗示佛教的因緣法。按佛法的「因緣法」，宇宙間一切事和物，沒有完全獨立的存在，必定是各種因緣合成才存在。人也不可能百分百掌握自己的命運，還有更多不可知的因緣，所以佛法常說「緣起則聚、緣散則滅」。賞讀〈垃圾〉。

所有的垃圾
都曾是人
夢寐以求的寶貝
所有的寶貝
都將變為
棄如敝屣的垃圾

這似乎也在暗示「一切有為法，如夢幻泡影」。許多人所追求要擁有的寶貝（金銀、豪宅、古物、名車等），都只能把玩一時，不必多久，老病死兩腿一蹬，全都成了垃圾。包含肉體，灰飛煙滅，如夢幻泡影般不見了！

總的欣賞藍雲這三首詩，詩人因有佛法理念（或信仰），詩意中有豐富的佛法暗示，更像詩人修行有成，以詩的形式向眾生開示。

劉菲

劉菲在《秋水》詩刊第六〇期，有一篇〈椰窗詩話〉，是他在一九八八年七月，讀到吉林省女詩人孫大梅詩集《白天鵝》（香港天馬圖書公司出版），讀完全書後，他發現一個過去沒有注意到的「寶貝」。

這個寶貝就是，兩岸年輕人所用的詩語已趨向一致性，分不出兩種社會的差異。使他看到兩岸在共同文化背景下，中國文學未來將出現大好景觀。我想這是當然，台灣文學也是中國文學的一支脈。

劉菲有〈椰窗詩鈔〉為總詩題，在各期《秋水》連續發表，每一首詩只按編號順序，沒有定一子詩題。賞讀編號第六十五。

那年春天
櫻花召陽的春天
我們奔放
奔放群山擁抱的翡溪
坐看　白雲在藍天爭妍
坐看　鷺鷥守候田畝
坐看　農家升起炊烟
溪水一波波跳過岩石
自然的節奏如敘情的交響詩
蘆葦　在微風中鼓掌
苗魚　在清流中捉迷藏
卿卿的低語　如歌的行板
貝多芬來到了田園

夕陽給西天繪彩
閃射橘紅柱光　照映

卿卿細膩的容顏
櫻花吐蕊的薄唇
隨著溪流的音樂初探　甜嘗

這是奔放的青春，這是戀愛的季節，有情人芳心初動，相約「坐看　白雲在藍天爭妍／坐看　鷺鷥守候田畝……卿卿的低語　如歌的行板」啊！這不就是我的時代，有情男女談戀愛的方式嗎？

尤其黃昏帶著「馬子」在山邊、草地看夕陽，帶著吉他唱一曲〈夕陽西沈〉，最是浪漫，瞬間兩人的關係定位就「升等」。「細膩的容顏、吐蕊的薄唇」，都讓你「甜嘗」，這種初戀的味道，一輩子都是甜蜜的回憶，永恆不忘。賞讀編號第六十六。

在山神下
在水神前
我立下誓言：海枯石爛　愛心永不移
花展的笑容媒觸血液在管中的激流
柔肩緊靠我避風的港灣
髮香醉我凝眸

玉指輕調肱絃
嬌姿生春　脈音金響

誓言立下後，大約就是修成正果，愛情的甜蜜感，性愛的誘惑力，通常還能「保鮮」幾年。「柔肩緊靠我避風的港灣／髮香醉我……」以前有所謂「七年之癢」，即指「保鮮期」七年。到了現在更短了，難怪常言說「婚姻是愛情的墳墓」。賞讀編號六十四。

雪之臉
雪之臉
我們相識在雪之臉
饗宴　江子翠的大荒詩坊
雪子　雪子
命運之神種下　無緣

千百萬年來，人類這物種之能生生不息，全賴人們在年輕時有生育能力階段內，有情男女有緣相愛，進而生兒育女，傳宗接代。這也是人類社會視為當然，理應如是。

但現代社會顛覆了許多傳統思維，婚姻被很多年輕人視為不當然。尤其台獨偽政權的洗腦下，大搞同婚，視一夫一妻制為不合法，這鬼地方遲早絕種！可憐的「呆丸郎」！被妖女牽走了魂魄！

薛 林

塑一顆心

說你是——
　從艱苦中奮鬥出來的
　美少年
說你是——
　經過一甲子風霜的
　堅強的母親
我不知如何選擇

因為——
　美少年　母親
我都一樣地
　珍愛　崇敬
真不知送你
　什麼禮物　最好
我想了又想　想不出
摸了摸跳躍的心
就以誠拙的手
塑一顆石頭的心
送給——
　美少年　母親

一九八八年八月二十八日
讀《秋水》59期後寫於小白屋

薛林（龔建軍），一九二三年生，四川雲陽人，曾創辦《布穀鳥兒童詩學學刊》、

《小白屋幼兒詩苑》季刊，從幼兒開始種下詩種。不得不說，他確是個有理想，而且是行動派詩人。

讓我意外的是，從網路查知薛林也是我黃埔十八期老大哥，一九四七年應台糖公司聘請來台工作，以後獻身兒童文學。他女兒也是詩人龔華，常看到她的作品，網路上也有懷念父親的文字。

〈塑一顆心〉一詩，「就以誠拙的手／塑一顆石頭的心／送給／美少年　母親」。「石頭」有堅定、穩重不移之意，也有鐵石之心意涵，似未見有這樣用法。賞讀〈圍巾〉。

以往　我只知道
你的歌聲　很美
從世界公園的
狄特麗絲　唱到
羅馬　唱到台北
十年了　一隻乳香未退的
黃鶯兒　常飛到我的
心谷　啼鳴

今天　我才知道
你還是一位
靈巧的織女
以濃濃的「親情」紡成
細紗　編織成圍巾
從此
寒流不再對我咆哮

二○○○年元月十五日南下167國光車中

圍巾是很平常的物件，卻連接到世界公園的狄特麗絲、羅馬、台北，裡面可能有一些典故。但從圍巾聯想到黃鶯兒、織女，不得不佩服詩人的心思，織女的意象比較適合圍巾。賞讀〈向日葵〉。

清純　爽朗
以金色的香味
凝聚成的

向日葵　在
綠色的世界裡
凝視太陽

二〇〇〇年元月十二日長隄

六行短詩，充份捕捉到向日葵的形像和內涵。形像是清純、爽朗，內涵是「綠色的世界裡／凝視太陽」，這是勇者和英雄之意涵。眾人皆知，太陽不能凝視，只有向日葵勇於視之！

藍海文

陽光——八八年回首

祇因與大地
有無法分割的感情
沒有私心

祇有奉獻
我的靈魂非常透明

兩腳的魔
四腿的獐
苟能聚起並非祥和的烏雲
祇是一陣無聊的風雨

當我微笑地伸出手來
都在輕輕一握中
化為逃竄的
輕烟

一九八九年元月一日　凌晨於造詩樓

〈陽光〉一詩很陽光，而且散發著強大的正義力量，極有深意的好詩。強烈暗示著這世間邪不勝正，任何邪魔歪道、妖鬼惡靈，最終會被正義光明力道打敗、魔也好，獐也罷，「祇是一陣無聊的風雨」。

陽光象徵宇宙間的正義力量，可以輕而易舉消滅邪惡勢力。再擴張解釋，只要中國王師來征，根本只要「微笑地伸出手來」，那些邪惡台獨勢力「都在輕輕一握中／化為逃竄的／輕烟。賞讀〈唱〉。

一首年輕時哼的歌
一直哼到現在
歌詞未變，感情依舊
祇是聽的耳朵變了

從前以嘴哼
現在用腳唱
　泥土中有淚
　石塊上有血
祇有真正的朋友
才有聽的耳朵

一九八八年十月四日　造詩樓

年輕的時候，用嘴哼、耳朵聽，但耳聽後如吹過的秋風，嘴巴哼哼，有口無心。年輕時就是這樣，所謂「嘴巴無毛做事不牢」。經數十年成長，「現在用腳唱」，腳是有實踐力的，一步一腳印，有血有淚。人只有到了一定年紀，才能領悟「真理」何在？賞讀〈生命〉。

面對一群大鱷
你曾失去一條大腿
給你一枝枴杖
到公園裡去種花
嘴裡依舊
　錢錢錢錢
錢來一些
未曾見過錢的族類
一點也不稀奇
奇怪的是，竟然錢來
一條髒污的惡龍

迢迢千里，匐伏在你的
打狗棒下

一九八八年十月五日　造詩樓

我常在想，如果人類社會演化過程中，沒有發明「錢」這種東西有多好！這樣人就沒有貧富差別，也就是真正眾生自然平等的社會。很多人說「男人有錢會變壞」，其實女人也是，讓一頭豬變富豪，也會騎到人頭上！

人的生命要存活下去，離不開錢，沒錢日子過不下去。因此，似乎錢控制了人，錢是大鱷或惡龍，對付鱷龍，用打狗棒有用嗎？

心笛

鍾鼎文在心笛的詩集《貝殼》的序文說，心笛女士的本名浦麗琳，只想用「系出名門」略過。經查證心笛是浦薛鳳（一九〇〇—一九九七）的女兒，浦薛鳳是著名的政治學家，我讀政研所時，浦教授的書都是研究生必買必讀，心笛出身書香門第。

鍾鼎文在《貝殼》（時報出版，民70年）序文提到，中華兒女畢竟是屬於中國鄉土的，只要在血脈裡流著中國人的血，無論遠在天涯海角，其靈魂深處都潛存著中國鄉土濃郁的氣息。這種氣息散發在心笛女士的詩篇裡，使她的詩具有「根」的感覺。在《秋水》第六十一期，就有一首濃濃的「根味」，〈欣笛—新笛—辛笛—心笛〉。

遼闊的天空
不久留
巨笛將回
黃浦江頭

響遍洛城與紐約
北美東西岸
黃浦江頭的巨笛
譜過多少歷史辛酸曲

由心中一支笛
擴展到辛艱的土地

由清華到愛丁堡到上海
變成一支辛笛
奏黃浦江的浪聲
唱黃浦江頭的苦
似黃浦江
默忍時代的辛酸

陰天風雨
任何季節
永似波浪的微笑
迎接一切
集一切於手掌中
笛聲起落
憤怒哀恨有幾許

唱黃浦江唱不出的歌
唱新世紀的曲

當中國的苦難成為過去
當自由飛在黃浦江上

當所有的窗都打開
當相異的信仰能共存
當老百姓思想不必穿制服
當專制死去

當中國的苦難成為過去
當分散三分之一餘世紀的
親人能重聚
海內外的巨笛小笛
心笛　辛笛　親笛
全變成欣笛
欣喜若狂奏曲給全世界說
中國人與中國人能共存
一如長江黃河的分水線

青色黃色的水流
互不侵犯
在黃浦江港灣外
奔湧朝前

註：一九八三年夏隨旅行團抵上海，拜會前輩詩人辛笛先生前，遊黃浦江，船航港外，曾見一處有黃色之水與青色之水交會，而互不侵犯。據告，此為黃河與長江之交水線，念中國政治之不能互忍相處，國土分裂，感嘆良深。

心笛詩題有小標題「送黃浦江頭巨笛」。詩人所提「辛笛」（一九一二—二〇〇四）為著名詩人，本名王馨迪，原籍江蘇淮安，出生在天津。一九三五年清華大學外文系畢業，他也是後來「九葉」詩人之一。筆者在《中國新詩百年名家作品欣賞》一書（台北文史哲出版，二〇二二年元月），對辛笛作品和時代背景有略為介紹。

「當中國的苦難成為過……心笛　辛笛　新笛／全變成欣笛／欣喜若狂奏曲給全世界說／中國人與中國人能共存」。三十多年過去，兩岸仍處緊張狀態，更不幸的，竟出現了台獨，一個完全倒向倭鬼美帝的政權，欲製造中華民族的永久分裂，這真是中國人的悲哀。心笛若仍健在，不知要寫出怎樣的詩！

幸好，中國人的苦難也真的過去了，現在全世界有哪個不怕死的豬國家敢入侵中國本土一分地，中國必滅之。因為「中國人的世紀到了」，中國夢要實現了，以現在中國的政軍經心綜合力量,要真中美一貫,美帝西太平軍力將完全被解放軍消滅。倭國若敢在武統台灣時出兵，中國順便先滅了它，完成元朝未完成之天命！

美帝最近有專家評估說，中國的經濟實力將達到三個美國之總和，可怕吧！大中國萬歲。反觀美國，經兩個瘋人總統惡搞，加速美國之沈淪，現在更處在內戰邊緣，很快美國將走向分裂。沒了美國支持，日本人會乖的如一隻北京狗，而台獨份子只能去跳太平洋吧！

張　朗

美的繽紛

曾震驚
妳詩句的清麗絕俗
曾訝異

妳畫作的高雅出塵
也曾苦苦思慮
妳怎會擁有種種如此
如此美好的完成

直到今年詩人節
初見妳的一瞬間
我久久的思慮
才有了答案

原來　妳本是
不食人間烟火的仙子
美的化身
難怪隨意揮灑
便見美的繽紛

一九八八年十月十八日

好像一種說不出口的「暗戀」，對某一詩畫雙絕的美女，她是如此清麗絕俗，一顆心日夜苦苦思慮著。「直到今年詩人節／初見妳的一瞬間……」，暗戀不能公開說，以這樣最高禮贊表達心意。

「窈窕淑女，君子好逑。」是很自然的事，何況這位詩畫雙全的美女已超越了淑女水平，是「不食人間烟火的仙子／美的化身」。經如此贊嘆「追求」，不知兩造後來如何？賞讀〈諾言〉。

小心翼翼地
把妳的語言珍藏心中
卻不打算用一生的時間
等待妳來實踐

如獲至寶　我接過來
妳的一句溫柔的諾言
愛情的光華　立即照亮了
我前程的風景

據說美麗的女孩
都有或多或少的健忘症
而我又不能確定
今生之後真的還有來生

愛情的力量多麼強大，「妳的一句溫柔的諾言／愛情的光華　立即照亮了／我前程的風景」。愛情雖然只存在瞬間，但對當事的兩造，好像有一種「神力」或「魔力」，可以照亮他（她）的一生，也可以瞬間毀滅。

因為愛情有如此奇怪的生滅力道，所以詩人是有所警覺，又愛又怕受傷害。他「小心翼翼地……」雖得以安全，卻不易捕住愛情。賞讀〈共渡〉。

銀樣月光下
一葉扁舟中
若有妳共渡弱水三千
不需瓢　不舷邊取飲
妳清澈的明眸

已流轉成甘洌的清泉

徐徐的輕風中
一葉扁舟中
若有妳共渡弱水三千
不搖槳　不掛帆篷
只願那緩緩的航行
是我輪迴不盡的
世世生生

當成一首詩來讀，意境高雅，意涵真情。作為情詩或情書來讀也很成功，相信詩中的「妳」看後，定是感動的當下就答應所求。感動的是，「只願那緩緩的航行／是我輪迴不盡的／世世生生」，詩人要與妳共渡，不止於此生，而是生生世世要與共渡。

據知，最好（指最能打動芳心）的情詩，要合「野、媚、俏」三要件，徐志摩的情詩公認含有最高野媚俏的情意素質。但張朗的情詩，則屬典雅、含蓄，也有很高的情意含量，一樣可以打動芳心。

彭　捷

望　眼

鼓浪嶼，一個地圖上的名字
　化石的名字
驀地，擁抱著我
　熱烈的，活生生的
那日光岩刻的字
鄭成公的史蹟
攀登日光岩頂，東望
那迷茫處
　就是台灣，就是台澎
（那邊，金門的望遠鏡正對著這邊）
一水之隔，切開兩個天地

呵呵，望眼對望眼

一九八八年八月　於溫哥華手稿

鼓浪嶼，應該就是全中國各地區（含台灣），「國恥」最多的地方，現在這些「國恥」全成了著名古蹟，吸引海內外觀光客來「證實」。白花花的銀子，如潮水般湧來，豐富了我大中國的航母建設基金。

鄭成功曾屯兵鼓浪嶼，日光岩上尚存水操台、石寨門故址。一八四二年鴉片戰爭後，有英、美、法、日、德、西、葡、荷等十三個西方妖獸國，強佔鼓浪嶼變成一個「公共租界」。佔領之國自然要大興土木，一百多年佔領留下許多各國建物，現在叫「萬國建築博覽會」，也都是炎黃子孫不能忘的「國恥」。賞讀〈化石〉。

寧，承受地層下重重壓力
　渡億萬年孤寂歲月
地層，第十八層
歷熔爐高溫

冰河期冰點
不改變，原有的型
　原來的質
隱居斷層
有自己堅持的天空

明寫化石，也有所暗示，暗示著詩人的生活型態，就是一個隱居者，大隱隱於市，過著自己喜歡的日子。再者，詩人堅定追求自己的天空，創造人生不同的風景。

胡品清

胡品清教授在《西洋文學研究》（台北：商務，一九九四年）一書，第三篇〈研究方法〉中說，文學研究可以從四個面向切入：(一)文學作品和時代的關係、(二)文學思潮之演變、(三)作者之思想、(四)作者之風格。

這部份東西方文學有些差異，例如中國文學強調「文如其人」，西方則人和文可分割。但整體而言，每一部文學詩歌，都可以看到前述四個面向，甚至更多秘密。
許多作品只是一個外表、一件外衣、一個藉口，作者藉自己的作品來表現所要想法或東西等。賞讀〈百合語〉。

並非喇叭
而是花神之傑作

像漏斗
但線條繁複
有曲有折
欲圓還弧
至於顏彩
乃純白及淡紫之交織
光澤似綾羅

雌蕊獨秀
迷你碧玉蓮篷頭

雄蕊六莖
承載金黃的花粉綿綿
蜂蝶之盛宴
六瓣花冠之尖端向外捲曲
做成綽約的雲鈎
我是具象的詩句：暗香浮遊

今日此時
無根的我站在一瓶清水中
襯托一株草本青春
相映成趣
我和那株植物
恰似無法偕老的心侶
所幸
雖不共生
卻能互利

詩人除了說一課百合生物學，還要藉百合花來表現什麼？「今日此時／無根的我站在一瓶清水中／襯托一株草本青春」。百合花被剪下插在花瓶裡，已是無根，但詩人為什麼要強調無根呢？是否因自己從大陸來台，也是「無根」之人，卻是感傷！

胡品清（一九二一—二〇〇六），浙江紹興人，浙江大學英文系畢業，後留學法國。曾任中國文化大學法文系所主任，有各種著作四十多種，她是個浪漫的教授，上課穿迷妳裙，也是浪漫的女詩人。

「我和那株植物／恰似無法偕老的心侶」，「無法偕老」總是感傷，幸好還能互利共生。此處也明示人與自然要互利共生，而不是一定要打敗自然。賞讀〈恭賀秋水六十期〉。

萬物之靈
畏懼甲子
只因
它是中年與老邁間之分水嶺
「秋水」乃水靈
不怕時間

度過萬千甲子
依舊朱顏

胡品清作品常被形容「不食人間煙火」，如水晶般唯美，閃爍著哲學的光芒。她性格浪漫多情，常有仰慕的學生買玫瑰花到文化大學小屋去看她。她這一走，台北的浪漫少了許多。

第七篇《秋水》詩刊(二)綠蒂時代

《秋水》詩刊從第一六一期開始，進入到「綠蒂時代」，已出刊了三十期，到了第一九〇期。此期間是另一批同仁上台。按一九〇期（二〇二二年元月出刊），同仁組成有：

發行人和主編：綠蒂

社長：梅爾

編委：子青、王素峰、浪花、曾美霞、徐享捷、劉曉頤、靈歌、周志強。

海外主編：魯竹

顧問：鄭愁予、陳義芝、向陽、張默、吉狄馬加、舒婷、西川。

（餘略）

本篇欣賞綠蒂、梅爾、子青、浪花、曾美霞、徐享捷、劉曉頤、靈歌、周志強、魯竹、吉狄馬加、陳義芝等各家作品。所引詩作均在《秋水》第一六四、一八九、一九〇期內，不另加註。

綠蒂

綠蒂（本名王吉隆，一九四二—）。台灣省雲林縣北港鎮人，父親也是著名詩人。綠蒂在一九六〇年時才十九歲，就出版了處女詩集《藍星》，並出任中國青年詩人聯誼總幹事。

次年二十歲，從田湜手中接下《野風》文藝月刊主編。同年又創辦《中國新詩》雜誌和《長歌出版社》。再次年（一九六二）又創辦《野火》詩刊，隔年出版第二本詩集《綠色的塑像》。從此以後，一發不可收拾，成為兩岸著名詩人，成為「永遠的中國文藝協會理事長」。可詳見拙著《觀自在綠蒂詩話—無住生詩的漂泊詩人》，由台北文史哲出版社出版（二〇一九年十月）。

旅行、閱讀、創作寫詩、演講和推動兩岸文藝活動，已是綠蒂數十年來的生活模式。與詩共行是他一生最光彩的風景，詩也是他的生活日記，也是生命的代言。未來文學史研究綠蒂，只有從他的詩入門。賞讀〈玫瑰夢〉。

一朵盛開　就佔據了整個花園
一朵凋謝　就冬眠了所有意象

玫瑰的芬芳
是最親密的引領
讓我從不在歸途的月光中迷失

燃燒激情的篝火
飛灰煙滅於城垛的邊緣
最鍾愛的溫柔
也只有一夜纏綿
我的靜默無言
是神也無法赦免的孤獨

反射在鏡中的
凍結在冰雕內的
封印了你若即若離的美麗

含苞的或剛綻放的
就如你　微閉或微張的唇
遐思了無盡的風情

簇擁在華美花瓶中的你
反覆詢問
堪折與不須折的界定
為何總將瞬間誤讀成永恆

愛因不持久而持久
夢想　因不真實而真實

原刊《秋水》詩刊第189期，二〇二一年十月。

把玫瑰花比喻成女人或情人，是很貼切的。但詩人的讚美頗有古今相輝映的絕，「一朵盛開　就佔據了整個花園」，即是說有了一個楊貴妃，後宮三千粉黛無顏色；

「一朵凋謝　就冬眠了所有意象」，似乎死了一個楊貴妃，唐朝再無美女！

詩人把玫瑰比喻成夢中情人。「最鍾愛的溫柔／也只有一夜纏綿……就如你微開或微張的唇／遐思了無盡的風情」。據說，每個男人心中都有一個「夢中情人」（真有或想像皆可），這是男性生理需求的一部份，一再「檢驗」似乎有理。

綠蒂的作品始終保持清新典雅風，也善於創造新句法。如這詩的收尾，「愛　因不持久而持久／夢想　因不真實而真實」。愛情如果像婚姻可以持續五十年，愛情就不美麗，且敬而遠之；夢想如果像吃飯，天天都在吃，誰還會有夢想？

生活在台灣不被「顏色」污染是很難的，一向被視為最純潔的詩壇，也是絕大多數詩人都被顏色「綁架」了。只有極少詩人能抗拒「顏色的掌控」，綠蒂就是，他期許自己是個純粹的詩人，甚至他的〈顏色〉也是無色。

櫻桃嫣紅　因春
芭蕉翠綠　因雨

夕陽晚紅了沙漠
長日湛藍了海洋

雲飄逸而白
雪純粹而白

玫瑰因愛而紅
歌因悅眾而紅

哀矜是高貴的色彩
諂媚是卑鄙的顏色

月色淒白了你的哀傷
狂濤暗黑了風的憤怒

雪白　鴿子白　野百合也白
天藍　貓眼藍　我的星也藍

灰濛的歸程
滄桑了古道流失的歲月

償還給原鄉初心的顏色

我在淡泊中
孤寂成遺世獨立的島嶼
詩　在遠方禪坐
坐成無色無相的隱喻

在正常的構句中，抽象名詞如晚紅、湛藍、淒白、暗黑、滄桑等，不會接「了」的用法。但這首詩刻意用這種構成詞句，「夕陽晚紅了沙漠／長日湛藍了海洋」，「淒白了、暗黑了、滄桑了」。如此，有強調效果，並有動態的因果關係。

例如，夕陽（因）↓晚紅了沙漠（果）；長日（因）↓湛藍了海洋；月色（因）↓淒白了你的哀傷；狂濤（因）↓暗黑了風的憤怒。當然，詩有很多解讀，暗示萬事萬物都有因緣、因果關係，亦主要意涵。

最後「我在淡泊中／孤寂成遺世獨立的島嶼」，也是我為他寫的文學回憶錄《觀自在綠蒂詩話》意象縮影。他一輩子追求成為一個純粹的詩人，不斷創造最好的詩章，追求高峰！

然而，「詩　在遠方禪坐／坐成無色無相的隱喻」。詩，遠在天邊，無色無相，看不到摸不著，如何「捉住它」，放入自己的詩集，是每個詩人頭痛的問題。

子青

旅

我有沒有不愛你的理由
就像月亮陰晴圓缺
太陽東昇西落一樣
讓自己活得更像自己
卸下沉重的面具後
你會看見真實的我

空氣依舊這樣新鮮
甚至還有你的味道蕩漾
那是一種純粹的感覺
別人無法取代的那種

如果沒有紅塵雜物
混淆了原初的感受
誰能預料今日的結局

因果一如輪迴
需要的是透徹它的奧妙
不是只有接受與排斥
愛情親情友情世間情
情情是關又關似界口
別讓緊要關頭限制了你
因為你就是勇者
天地行走的旅人

子青（本名張貴松），青壯代著名詩人，筆者與他有幾面之緣，多次寫過他的作品賞析。子青也是勤勞、稱職的詩人，拿過很多詩獎，也有不少詩集出版。

《秋水》一九〇期，子青有〈驀然六首〉，〈旅〉是其中之一，寫的是人生之旅中對愛的感受和選擇。人活在世上，愛情親情友情是必然要糾纏你一輩子，多數人剪不斷理還亂，要做到完全功德圓滿，怎一個難字了得。

但詩人在他的詩中指出明燈，「別讓緊要關頭限制了你／因為你就是勇者／天地行走的旅人」。似乎有一種暗示，要成為天地行走的旅人，必須把親情愛情友情全都放下，你就是現代徐霞客。賞讀〈心雨〉。

大雨中
聽見溫柔的呼喚
往昔的感覺這樣重現
真叫人激動不已
天空依然模糊
存有一種獨特的美感
那是適合分手的背景
你是否已經忘了
在暗沉的世界中
曾經寫著過去的誓言
也許你早已不復記憶
但我永遠記得

隆隆雷聲回應著思緒
心情選擇以沉默相對
任驟雨發瘋地狂洩
這難以承受的痛
豈能就此洗去
讓悲傷歇息

心雨，心中下著雨，一點也不浪漫，而是難以承受的情傷。世間的愛是多麼難以長久！還是人本來就善變，「在暗沉的世界中／曾經寫著過去的誓言／也許你早已不復記憶」。年輕時代的山盟海誓，能夠維持一生一世，恐怕只有神話或童話中才有。

詩人創作的題材，通常就是自己所見所聞引起的心思湧動，有感而發，不一定是自己碰上。感覺他的〈驀然六首〉像在詩述這世間的普遍現象，現代人對「愛」這種價值的掙扎，乃至顛覆；誤解的民主，只有個人主義，很快會走上〈分手〉。

愛情殘留的眼淚
埋沉在西北雨任性的揮灑
已經讀不到心跳的感覺

遮蔽了戀人企求的永恆
天空中那隻隱藏的黑手
猛擊亙古的戰鼓
加速了幸福的分解
汪洋似的倆人世界
茫茫無望……

「加速了幸福的分解」（不論任何因素），「汪洋似的倆人世界／茫茫無望」。愛情是多麼詭異！所有的山盟海誓，都經不起時間或人性的考驗，很快崩毀，要找尋天長地久、永恆的愛情，人間何處有！

但，確實也有永恆的愛情！恆久的讓人懷念、歌頌！如《羅蜜歐與朱麗葉》、《梁山伯與祝英台》，那是用悲劇換取的永恆。也是「汪洋似的倆人世界／茫茫無望」，茫茫無望才成就了絕望的愛情昇華成永恆！

梅爾

我並不認識梅爾，但看過他寫了有關南美印加帝國滅亡的詩，引我好奇。我也寫了一系列有關印加的文章，甚至寫了長詩〈印加最後的獨白—國王阿塔瓦爾帕之死〉，發表在《華文現代詩》第二十四期（二〇二〇年二月）。

梅爾在《秋水》第一六四期，以〈雙河溶洞〉為總主題，共寫了九首詩，包含〈晶花洞〉、〈大風洞〉、〈雙河客棧〉、〈團堆窩天坑〉、〈雙河水洞〉等。本文欣賞其中兩首，〈雙河溶洞〉。

我不能告訴你所有的秘密
我的秘密正在成長
——題記

一

海水再一次漫上來
帶著湧動的全部欲望
從舌尖到心靈深處
那些生物無法逃脫
大地，請你收留它們英雄的屍體
昆蟲、魚類，甚至

包括熊貓和犀牛
四億年後，人們會找到它們的化石
並奉若神明
忘記我一次又一次的痛苦
和秒針一樣尖銳的快樂

我的內部也開始秘密勾連
傳遞四億年前的烽火
我一直活著
像一則傳奇

二

我吞吐過火焰
並經歷了崩裂
那撕心裂肺的疼痛，被水注滿
你們稱之為暗河

那是我清澈而深深的血液
傷口不再癒合
遍地的石花，生長著
那成片或大或小的鈣化池
是你的梯田
在你的日月裡，她們一樣開花結果
你的溫度是她的日照
你的目光，穿過四億年的隧道
落在她的身上，充滿深情

把雙河溶洞擬人化，而且這個「擬人」已經活了四億年，四億年來地球的演化都在他眼前走過，海水又一次漫了上來，許多少物也進洞。擬人一直活著，「我一直活著／像一則傳奇」，見證了四億年的歷史。

雙河溶洞的四億年經歷了什麼？烽火、崩裂、海漫都是必然的過程，造就溶洞自成一個世界。「遍地的石花，生長著／那成片或大或小的鈣化池……你的目光，穿過四億年隧道」。這個溶洞—擬人—有血、有淚、有溫暖，充滿深情。

雙河溶洞，就在我們中國的貴州省遵義市綏陽縣境內，是國家地質公園。最新探測長度是二五七公里，是中國第一長洞，亞洲第一和世界第五長洞；同時也是「世界最長白雲岩洞穴」和「世界最大的天青石洞」，溶洞形成在四億年前。欣賞另一首〈雙河客棧〉。

幾萬個負氧離子
從皮膚滲進肺腑中
夢幻在流金的霧裡
一顆樹漂洋過海
森林　玻璃
綠色的燈
系在馬鬃上

瞬間消失的詞
低空飛行
溫暖的被褥
泛著柔軟的光澤
兩條河，在洞裡相遇

那些相約，美好得讓人神往
一大株玉蘭，開在船上
公子停靠在你的碼頭
明清的丫環，隔著簾
把小姐的蓋頭
蒙在燈籠上

我在你燈火輝煌的甲板上
用低調的奢華
淺吟低唱

雙河客棧，在我們中國貴州省遵義市綏陽縣境內，是根據當地原有村寨改造而成的山谷民宿，著力體現人和自然、古典與現代的完美結合。風格上，保留黔北民居風尚，再創新室內設計，已是全球著名且規模極大的民宿群，更吸引了不少國際觀光客。

雙河客棧之所以吸引人們前往，來自經營方法上，更加重視人的感官和心理愉悅，並有多重功能，如避暑納涼、休閒養生、洞穴探險、科學研究等。二〇一九年被評選為全國十大詩意客棧，為國家級度假社區。

梅爾這首〈雙河客棧〉，一開始「幾萬個負氧離子／從皮膚滲進肺腑中／夢幻在流金的霧裡……」，大約就是形容這裡有如仙境。「公子停靠在你的碼頭／明清的丫環……」應該就暗示客棧民宿保留明清建築風格，現代人好古，就請你回到明清一遊吧！

浪花

如果忘我

如果忘了回家
如果忘了吃飯
如果忘了睡覺
是真的忘我了嗎

花影歌舞酒味

會使人忘記回家
癡迷虛幻的世界
會使人忘記吃飯
熬夜讀詩
也會使人忘了睡覺
忘記一切
也曾經這樣忘我

詩意在說，人若太過專注於某一方面，必會失去其他方面。「花影歌舞酒味／會使人忘記回家」，人若常泡在美女堆裡，流連歌廳酒家，他會「忘家」，不顧家，最終毀了家，也毀了自己。

「癡迷虛幻的世界／會使人忘記吃飯」。現代社會許多人迷在網咖、網路遊戲中，不能自拔，得了「網路癌」，這是現代人的文明病。若不能自我管控，天天活在虛幻的世界，也是自我毀滅。賞讀〈忘記開花〉

有人把蘭花移到花房
一天看三回

就是不開花
難道雅蘭也忘記開花了

園中一棵櫻花樹
十年不開花
依然每年長新枝
難道是忘記開花了

金針花期在八月
這兩年沒有半朵花
或許也是花事紛擾
索性忘我了

大自然也會忘我
梅雨不下
夏日漫長
氣候改變了
難道都是忘我？

詩人要說的，真實是因地球暖化導致氣候劇變，該冷的時候不冷，該熱的時候不熱，造成植物「生理」顛倒，也是該開花不開花，該結果不結果。詩的語言就說「忘記開花」，千百萬年來都沒「忘記」，為何現在忘記？

禍首應該從工業革命以來這三百年，人類的生產和消費方式，對地球所造成毀滅性破壞，因而全球氣候暖化，極端天氣也給人類帶來許多災難。植物花期的改變，就是大自然的警告！

科學家最嚴重、也最悲觀的說法，全球氣候暖化將導致「地球第六次大滅絕」的加速來臨，且已不可逆。這等於判了地球上所有生命的「死刑」，就在未來某一天，很快來臨的某一天，地球將成為一個死寂的世界，如現在的火星！

曾美霞

街頭郵筒

儘管全身漆上草原樹木的綠
展現出親切自然

也是徒勞　　誰在乎呢

一整個火焰色標記了你曾經紅過
那又怎樣　落伍的就該退場
限時專送算什麼
即時通訊才是王道

虛擬科技的空襲洗劫
八百里加急早已人仰馬翻
飛鴿傳書只是遠古的神話
一張郵票所承載的浪漫不見了
彼此深濃的牽掛與期盼失落了

有事　　立刻語音對話
不方便說的　　傳送文字
想表達情緒　　隨手抓個貼圖
競速世代

不是e什麼　就是i什麼
還有誰會把喜怒哀樂丟進郵筒

沒人寄信了
連賀年卡也被遺忘了
偶爾收到幾份廣告傳單
彩色油墨刺眼而生冷無味
本地外埠兩張口依舊終日飢渴
空蕩蕩的肚子盡是苦澀

雖然紅綠郵筒總是並列相伴
卻在街頭各自孤單

詩人要說的是，一個新時代來臨了，舊的時代已成過去。你若趕不上新時代，就是落伍，「落伍的就該退場」，因為時代的巨輪是現實的，更是無情的。

但時代越進步，網路越發達，也造成人際更隔離，因為人只會和機器溝通，人與人不會溝通相處。於是「本地外埠兩張口依舊終日飢渴／空蕩蕩的肚子盡是苦澀」，人的心靈精神都病了，身心靈無處安頓！

大約二十多年前，每年新年仍向數十好友寄出賀年卡。大約十年前，少到只寄出不到十張賀卡，幾年前尚寄過兩張，二〇二一年就清零了。啊！那個舊時代一去不回，新時代迎面撞來，不論你要不要！

徐享捷

一株樹影

陽光下的一株樹影
搭起了墨色的屏風舞台
留一絲絲日頭的餘
以演化枝椏間禪聲的音調

陽光下的一株樹影
跌坐成靜靜的禪味

讓人或立或蹲沾上禪味
有如洗了洗隨身的汗水與煙塵

陽光下的一株樹影
攤開了一天張宣紙
隨風輕輕地以潑墨的姿態
濃淡自如地揮毫慵懶

陽光下的一株樹影
來自穹空的一幅圖騰
讓時間與空間無痕跡的漫
惟有天光裸露大自然的沈默

詩人把一株樹影寫成四種境界。第一段樹影形成一個舞台，枝椏間發出禪聲，這聽覺悅耳；第二段樹影趺坐成靜靜的禪味，以禪為食，為芳香美味。但這「趺」字恐是「趺」字之誤印？趺字雖勉強可以，趺字較正確。

第三段樹影幻化成一個國畫大師，在大地來一幅潑墨畫。宣紙、潑墨都有了中國文化的深厚意涵，樹影提昇到中國文化的境界。第四段樹影上升到大自然的一部份，是宇宙的圖騰，這是詩人的心境。賞讀〈走出凡塵〉。

那一份心
從風雨的波濤中走來
濡瀝了歸去來兮的舞動
走過了無從忘機的塵林

斯時
放下牽掛的心性
走向野林　走踏山水
藉以撫亮自己的心靈

悠遊川林
尋山中翠山的秘境
覓山外青山的故事
抹一把恣意的清閒

讓自己隨分隨緣

走出凡塵

詩人都想「走出凡塵」，但如何走出凡塵？卻是不同易的。到底要躲入深山築草屋而活，自耕自食，餐清風飲露水？？或向陶淵明學習，在現代大都會中「心遠地自偏」，就看個人的修行功力了！

詩人在職場中歷煉了一輩子，「從風雨的波濤中走來／濡瀝了歸去來兮的舞動／走過了無從忘機的塵林」。想必詩人是經過大風大浪的人，到了退休無憂無牽掛之黃昏歲月，最想要的是「走出凡塵」，過著一種隨分隨緣的生活，這便是人生的境界。

賞讀〈筆觸：指行草書體〉。

揮毫　海闊天空

一種風生水起的脈路

起筆　浪萍風絮

一種任運的湧泉

直劃　直筆如一

一種樸實中細膩的虛與實

勾劃　單挑天庭
　　一種未盡的語言延續
撇劃　橫生枝節
　　一種隱喻的收納表徵
捺劃　生動曲流
　　一種簡單的旋律歸程
圓劃　佛手撫摸
　　一種必要或可無的影像美感
折劃　翅上光暈
　　一種老鷹展翅的折打英姿
懸針　意猶未盡
　　一種長短自用的平靜波濤

書法外行的我，只知勾撇捺等是我們中國方塊字筆劃的專有名詞，但其深意則不得而知。惟做為詩意來讀就不同了，詩可以誇飾、想像，乃至「無中生有」，就不得不佩服詩人的能耐。

起筆為何「浪萍風絮」？勾劃為何「單挑天庭」？可以有很多想像，是否暗示詩人有如孫悟空，也敢於單挑天庭？無論如何想像，未必合於詩人心意！

總的來看這三首詩，詩人也善於創造鮮活的詩語言，如「潑墨的姿態、姿意的清閒、細膩的虛與實、平靜波濤」等。通常語言是虛者不實、實者不虛，波濤不平靜，平靜無波濤。但現在詩人打破了語言常規，想像因而長出了翅膀，可以任心意飛翔在自己的精神世界裡，自在無拘無束！

劉曉頤

海的眼睛

現在，整片海都是
鳥的藍眼睛
瞬膜濕潤了潑濺藍中絕無僅有的雪花鹽
因所追求者絕無僅有再不能飛得更高
微小而燠熱地抱著分離的視象
南方，就在波浪層遞的尖口上

把生命所有流動的母性元素
固定在晶亮的騎縫針眼
度日如年的／看。特拉克爾的絕望藍，西藏藍
寶貝深淵藍，骨頭深邃處流徙的藍
異地相思渲染開的藍
願為粉身碎骨
和一塊石磨
雙雙殉節於盛夏光塚的藍

民初才女暗下去的藍
陰晴不定的剪瞳藍
一入秋就恨不得攜手死去的藍
提醒我們可以一起死在一個
明亮溫暖的地方。我的情人近乎失明依然
熱切地看

中國新詩從誕生以來，已經過了百年的模仿和學習階段，甚至有不少名作問世。（趣者可看拙著《中國新詩百年名家作品欣賞》（台北文史哲出版，二〇二二年元月）。以現在海岸兩岸寫新詩的人口（詩人），每月每年在各種平台上所發表的新詩總量之多，好像已出現新詩大潮，文壇最亮的星星嗎？

在眾多的星星中，可能很多（半數以上的新詩）是無解的，作者不知所云，有如斷斷續續的夢囈，可能不光是讀不懂，連作者寫完也忘了怎麼解自己的詩。這種作品在兩岸很多詩刊上，我都看過！

這首〈海的眼睛〉要怎麼讀？如何解？作者在說什麼？詩意為何？也是難解。「海的眼睛」和詩文內容，找不到連接處！句中很多「藍」象徵什麼？我想就收錄下來，待機請教高明！

靈歌

旅途

昨日的腳尖
向後轉

距離露出疲態
時間不得不
退讓

影子成為
明亮的敗筆
黃昏將天空的調色盤
遞還給大地

旅人是棋盤上的棄子
或詐降
成為倒帶的風景
過時的經典
一格一格載入
沒有勝負能註釋
將帆升起

樹會朗讀風向
句中的意象
夜晚掛成繁星，擦亮月光
我是不得不趕路的烏雲
抵禦即將的消散

那些計畫中的定點
成為大地的胎記
湖面迎風圈繞的嘆息

活在這個世界上的人人，全部都在「旅途」，所有詩人寫的都是旅途風光，只是沒有兩個旅途是一樣的，詩人靈歌的旅途也是宇宙間的唯一。他的旅途是成功還是失敗？傳統的教條，告訴人只有成功，沒有失敗！

但詩人在詩中透露一個訊息，「沒有勝負能註釋」，眾生不論何人！帝王將相販夫走卒，沒有完全是勝利的，也沒有完全是失敗的。凡事都是相對，生命本來就有起落，起落只是過程，不是終站。

旅途未到終點，自然就要再度將帆升起，欣賞沿途風光，「夜晚掛成繁星，擦亮月光／我是不得不趕路的烏雲」。我倒覺得「旅途」要放慢，放到最慢，以免太早到終點站！

周志強

過去，現在，將來

過去
一去不復返
卻又時常提起
碎碎念念

現在
聆聽鳥鳴
必須面對你
和深不可測的世界

將來
還有多少
不約而至的急風驟雨
奔跑在荒原

人活在這個世界上，每天都在面對過去現在將來，過去的揮不去，現在的深不可測，將來的不確定。所以人生是滿沈重的，如何讓自己輕鬆些，不要被「壓垮」，活的自在，只有靠修行，或寫寫詩，壓力釋放給詩。

這個世界「深不可測」，所見都是表相。多年來美帝把伊拉克、敘利亞、阿富汗給滅了，全球到處製造災難，說人家不民主、反人權。你相信嗎?拿一袋肥皂粉指控伊拉克有化武，地球上最邪惡的國家是美國，最邪惡的物種是白種人。賞讀〈致敬靈感〉。

有誰知曉
第一珠
與之後的每一珠雨滴

以怎樣的加速度
幾秒的光陰
自由落體
執著地，洞穿
一尊頑石

水

這初萌的生命
柔弱的力量，忙碌
如潰堤的蟻蟲磨杵的雙手
十面催命的琴聲
令乾涸的眼眶飽含熱淚
化纏綿的思念為海子
虔誠的靈魂為高山

如果說遼東大地
上億年的樹化石是一種緬懷

或是一種銘記
那麼，還有多少傳奇
在雨中風化為不朽
或是永恆

詩人「致敬靈感」？為何？想必是靈感讓詩人獲益良多。寫作的人都知道，靈感來了山都擋不住，如湧泉般不斷湧出各種作品。所以詩人從靈感中，想到雨滴穿石、十面催面、樹化石，象徵靈感的神奇性。

但靈感又是什麼？為何時有時無？按筆者個人體驗，應該和思維方式有關，也就是詩人的思維不要固定在一定的模式或規則。模式要解放，規則要打破，想像力才能長出翅膀，天馬行空，這就有利於靈感閃現！

現代詩創作技巧上，有所謂轉化、顛倒、荒誕、變形、斷連等，這些都和破除成規有關。只有將模式瓦解，將規則打破，腦袋解放了，就是靈感的溫床！

魯竹

給　冷公

烏來瀑布下
一匹豹
不再蹲著

別了　順興茶館
別了　醉紅小酌
別了　水石茶座
別了　一代戰友

為了破苦悶
為了沏濃濃龍井

濁水不深

淡水不清
別了　江南才子
花岡石上的詩豹
不再蹲著

「不再蹲著」，表示已經躺著，取得西方極樂國簽證，永享清福去了，永遠不會再回到這鬼地方。這叫人苦悶的南蠻小島，詩人企圖用詩「破」苦悶，卻越破越是苦悶，只有移民西方國才是最澈底的破除苦悶！

別了！這烏來瀑下一匹豹！別了！一代戰友！別了！江南才子。一代人一代人的別了！雖是自然法則，卻也叫人感傷！因為人終究有感情，誰都捨不得離開這個世界，無論這個世界是多麼的爛，爛到詩人們只能躲入「詩國」才能過日子。賞讀〈囿〉。

今人不見
　　故明月
故月依然

照今人

五角玫瑰
星戰沙漠仙人掌

東京玫瑰不了
竹島　釣島

梅花學堅忍
牡丹上街頭

亮劍了不了
東海　南海

詮釋不了主題
未知明月　花影

這首〈囿〉，暗示不光是人被囿，連國家社會也被某種「政策」所囿，美國囿於侵略別國，倭國被竹島和釣島所囿，我們中國學堅忍，韓國人只會街頭造反。西方「八獸聯軍」又來了，到我國東海南海叫囂。不怕死就真打一仗吧！解放軍須要實戰練兵，證明可以打仗，否則如何完成武統。賞讀〈詩道1〉。

風化不了
聞一多的〈死水〉
徐志摩的〈偶然〉
顧城的〈黑睛〉

詩有時　詩有命
意外　夭折

潮起　潮落
人壽不如
詩長命

風化了禿頂　華髮　人不在　詩在
忘不了　忘不了
〈教我如何不想他〉

聞一多的〈死水〉、徐志摩的〈偶然〉、顧城的〈黑睛〉都是名家名品，風化不了，可以穿透時空，讓每一代人欣賞。為何有的詩流傳，有的夭折？「詩有時　詩有命」，就如人一樣。

但天底下的詩人們，都希望創作出可以流傳後世的作品。因為「人壽不如／詩長命」，「人不在　詩在」，只要作品能代代流傳，如李白、杜甫，也等於是人的存在。這就是我們中國人所謂三不朽中之「立言」吧！賞讀〈詩道2〉。

詩人節
誰是詩人
曾擔憂不公平
五月多詩人

不要無病呻吟
不要霸道壯語
不要「下半身」詩

網路作品參差
難得詩情畫意

詩是詩人
在月夜朗誦
風的顏色

誰在關心烽火
技巧加過份隱喻……

筆者曾經研究過，目前全中國（大陸、港澳台），寫新詩的人可能多過解放軍總人數，每月見光的新詩數千萬，每年上億。但絕對有九成九九九見光瞬間「夭折」，再經一年時間洗磨，又死了其中的九成九，三年後尚有人記得，約百萬分之一。

聞一多詩集《死水》，一九二八年元月出版，〈死水〉是其中一首詩，還有徐志摩、顧城的作品，都是經時間洗禮得以流傳的作品。

詩人警示，那些無病呻吟者、「下半身」詩、網路上作怪者，都是「見光死」。詩人一再提問「誰是詩人？」是期許大家要當真正的詩人，有真性情的詩人。

吉狄馬加

致自己

沒有小路
不一定就沒有思念
沒有星光
不一定就沒有溫暖
沒有眼淚
不一定就沒有悲哀
沒有翅膀

不一定就沒有謊言
沒有結局
不一定就沒有死亡
但是這一點可以肯定
如果沒有大涼山和我的民族
就不會有我這個詩人

「如果沒有大涼山和我的民族／就不會有我這個詩人」，換成我也可以說「如果沒有中華民族／就不會有我這個作家」。所以中華民族是我母親，中國是我祖國。

這是這首詩所要表達的理念，「沒有……不一定就……」是不確性。但有的是很確定的，有國才有家，有民族才有你，有列祖列宗才有你，人不能忘記源頭。

陳義芝

螢　火

那時我看到的星辰

怎都散落到頭頂上了
一閃一滅像對我訴說
什麼人傳遞的話語

無聲在野地黑夜
如我不確知為何的追求
不確知為何的閃滅
那時早已在頭上飛旋

一閃一滅的憧憬啊
想去到遠方與誰相會
想吐露一番熾烈的摸索
卻被裝進透明的玻璃瓶裡

誰知瓶中的星辰也會熄滅
像想說而未說的話
想去而未去，想愛而未愛

第二天就死寂了
一閃一滅五十年的
童年螢光
以玻璃瓶盛裝的哀悼啊
此刻我又看到

二〇一七年九月

童年的螢火，人生的螢光，追求人生好風景欲望光輝。但好風景不會長久維持，生命總是有興衰起落，所以「一閃一滅像對我訴說……不確知為何的閃滅」。為何人生旅途總是閃滅不定？人不能全知，唯佛能全知。

人總是存在著希望，想吐露心中所思所要，企圖要奮起追求，誰知「熾烈的摸索」也在玻璃瓶裡熄滅。人生少不了有一些遺憾，想去的地方未去，想愛的人沒能愛到。

每個人都有童年或青少年，年少立的志向都是超級偉大。雖然未能實現年少立志的理想目標，但那「螢光」在整個人生旅程常在心中一閃一滅，現在又見螢光在玻璃瓶中熄滅。這是否暗示生命在不久的未來，將走到盡頭而熄滅？賞讀〈上邪〉。

她準備了一包乾糧兩瓶礦泉水
在我遠行的行囊裡哀愁地說
南方多地震

我怕劫後挖出我的身體
水已乾糧已腐
就在一塊殘瓦上刻了天地合三個字
留給她

一九九九年九月作
二〇一九年十月手抄

「上邪」，就是她嗎？為遠行的他準備乾糧礦泉水，因為他去的南方多地震。她一心一意牽掛著他的安危，他必定是她最在意更是最愛的人。

而他的臨終遺言只留給她，她必定是他一生的最愛，最親密也最可靠，才「天地合」三個字託付給她。不論三個字代表什麼？他們之間必有「通關密碼」，她知道！

第八篇《谷風》詩報雜誌社

《谷風》是雙月刊，於一九九四年六月四日，由莫野（李彥鳳）、關雲、王碧儀、宋后穎、晶晶，五位女詩人所創刊。這可是台灣、甚至我們中國新詩壇上，第一個純由女詩人組創的詩社，並發行詩刊，號稱「詩壇五鳳」。

《谷風》就是單純的「五鳳」，由莫野（李彥鳳）任發行人和社長，關雲主編。五鳳志趣相投，憑著滿腔熱忱，胼手胝足，墾植出一角新詩園地。不要噪音，不要污染，讓心情隨白雲舒卷；讓思緒乘和風奔馳；讓這一角新鮮的詩園，在純靜的空間，舒展自如。這是《谷風》的創刊宣言，也是宗旨。

取名《谷風》，乃取幽谷和風雅意，希望和風輕拂，百花齊放，百鳥爭鳴，百川集匯。共同呈現新詩真、善、美的面貌和境界，本篇就欣賞五鳳作品。

關雲

最不捨是女詩人關雲（本名王桃源，一九四九—二〇一四），時筆者與她都是《三月詩會》成員，大家已有多年因緣。她突然生病，說走就走了，才六十五歲，一顆「無常彈」，炸翻了詩友的心。

之後我寫了一篇長文（約一萬五千字）懷念她（針對她的詩作和《谷風》紀念）。〈邀請《谷風》詩人群送關雲一程〉，後收錄在拙著《印加最後的獨白：蟾蜍山萬盛草齋詩話》，台北文史哲出版社，二〇二〇年六月。本文僅欣賞她發表在《谷風》的詩。賞讀〈看盡繁花〉（創刊號）。

數著生命故事
總為多情風掠走
一朵潔白的雲飄過
襯著一彎新月
總任有情人吟哦
每個角落

來去之間
繁榮過也衰退過
每朵花
芬芳過也飄零過

即使生活中許多瓶頸
仍希望
好山好水
鳥叫蟲鳴長相隨

「看盡繁花」，應該就是女詩人的心境。儘管此生「繁榮過也衰退過、芬芳過也飄零過」，生活中也碰到不少困局，「仍希望／好山好水／鳥叫蟲鳴長相隨」。對人生永遠抱著希望和樂觀，健康的人生態度。賞讀〈與心靈相約〉。

把春光留給綠意
把陽光留給冬日
生命的喜悅

在於你我之間
陰晴和圓缺
在漫長的路上
反覆不定
總是沒有
永恆的完美
只希望清風一來
揮揮長袖
把散亂的思絮
投擲湖中
隨波逐流而去
從此與心靈約定
儘情放聲大笑

在《三月詩會》活動那幾年（約二〇〇八—二〇一四），每回的詩會繳出的作品，關雲的作品總是「灰色」居多。她面臨的困境，心情不好的原因，大家都知道，只能私下勸她看開；如這首詩，把散亂的思絮，「投擲湖中／隨波逐流而去／從此與心靈約定／儘情放聲大笑」，能一笑解千愁嗎？

這首詩寫的看似健康、開朗，實則很苦悶。人生所面臨的困境，尤其涉及私領域問題，一味傾注在作品中，依然是難以脫困的。賞讀《谷風》第二期的〈旅人〉。

望著天涯
望著一片遠去的浮雲
將一個一個的夢和希望
裝進行囊　整裝出發
追雲去

一路上看到
樹枝在舞
陽光在笑
翠鳥長鳴
就算沿途充滿荊棘
也感受到
生命中的燦爛與芬芳

這首詩寫得淺白而很有深度，意境也很高雅。「望著天涯／望著一片遠去的浮雲……追雲去」。多麼自在、瀟灑！一路上看到「樹枝在舞／陽光在笑……」都是很健康又有意境的詩語言。第五期〈花語心事〉。

能不能用一種輕狂
來掩飾　其實
芳心已暗許
祇想把顆顆種子
澆成艷麗花顏
孤芳自賞之餘
令千盅不醉的我深深沉醉
用一種極虔誠的情緒　和
那麼多的情愛
即是到最後
花謝葉枯
仍難忘情　那曾經

花開成簇
總是
一場註定的緣起

花語即人語，花心即詩人心。花也有感情，也想秘密談一場戀愛，或「芳心已暗許／祇想把顆顆種子／澆成艷麗的花顏……」成家立業，傳宗接代，或許也是花的心事，花的願望。

無論有多少情愛願望，花開花謝或花開成簇，「總是／一場註定的緣起」。花，也懂得因緣法，這花真有悟性。賞讀第九期的〈荻花之愛〉。

佇立荻花莽莽岸邊
天地默默
千頃波濤
盪起生命的悲喜、繁華與荒涼
故人已去
河堤荒蕪

依舊歲歲西風
年年荻花

詩人總是善感，人生如白駒過隙，短暫又無常，不像山河大地自然景物可以恆久而守常，讓詩人感嘆。面對天地之廣闊，也覺得人是多麼渺小！

關雲移民西方國也已七年了，不知她轉世到哪裡？或一直待在西方極樂國，也當個女詩人，永遠不要回地球吧！

莫野

詩

最真最美最赤裸的
全都無悔的給你
一世情緣永恆相戀
故事該從何處說起？
如果你不曾伴我

走過年少輕狂和寂寞
寵我納我縱容著我
以最寬廣的宇宙讓我自由
我如何愛你戀你癡迷於你
甘心付出全部所有
你既已令我雌服偏又容我左右
如此狂喜的交融誰能解得？
我知道有一天
我將輸給無常這個世界
唯你陪我走完全程
時間會為我倆見證
你是我永遠的
情人

詩人把「詩」當成一個知心閨蜜，甚至當成一個永遠的情人。於是「最真最美最赤裸的／全都無悔的給你」，詩人是認真的，以最純誠的真性情創作寫詩。古有詩論家言，「詩是心聲，不可違心而出，亦不能違心而出。」正是此意。

詩人形容她和詩的關係，「你既已令我雌服偏又容我左右／如此狂喜的交融誰能解得」。這是「二合一」的關係，因而他們可以成為永遠的情人。賞讀第二期的〈重入江湖〉。

「走吧！時刻已至。」
寒夜
子時
俠客彈劍輕吟
劍　嗡然應合
薄亮刃身流璨
豪情如昔

古朝今來
許是痴於俠士的執著
心與劍合一
迎向晨曦初露
再走一遭

無怨無悔的
恩
義
情
愁

現代社會已經沒有俠客了。（像傳統武俠片裡帶著劍行走江湖的俠客），不過可以想像某人或自己，就是一個行走江湖的俠客，本已退出江湖，如今為主持江湖正義，又重出江湖。

這首詩並未言明是某人或詩人要重入江湖。因此可以看成一般性想像或比喻，詩人即俠客，如俠客之執著，自己也有詩人的執著。在詩的創作中「再走一遭／無怨無悔的／恩／義／情愁」。賞讀第三期〈流浪者之歌〉。

一

流浪的腳步已展開
請原諒這個不安定的靈魂
親愛的，不要再為我等待

二

回到一切開始的地方
只有生命不能重回來
句點就此劃下
結束，只是一個開始

三

路在眼前蜿蜒
未知戴著面紗等在前面
不想遺憾自己是否錯過什麼
走，唯一揭開謎底的選擇

天生有流浪性格（基因）的人，都有一顆「不安定的靈魂」，他的靈魂隨時都想從定居之處飛出去。探索未知謎底，對他而言有著強大的誘因。

所以，這樣的人，親情友情愛情婚姻都是牢房，都要設法「放下」，從牢房解放出來。因此，「親愛的，不要再為我等待……句點就此劃下」，讓「他」走吧！賞讀一首〈醒〉詩。

為了一個浪漫的幻想，應劫而來
我另一半的靈魂，不小心在輪迴中走失
從此，宇宙迷途
　徘徊生死
直到妳來，開啓我冰封千年的愛
我的心才學會歌唱
我的愛，乘著風聲的翅膀飛翔
飛向妳我最初相約的
　美麗樂章

人生的因緣很奇妙，佛法上稱「甚深微妙法」，因涉及累世因果因緣，人不能全知，唯佛能全知。有時候，人們一輩子也不醒不悟，渾渾噩噩，有時因一個事件，突然就醒了悟了，就「開啟我冰封千年的愛」。

詩中「我另一半」有兩個解讀，一者習慣的「老公」走了，再者形容自己「另一半」靈魂走失，迷途好一陣子。最後終於碰到知音，才醒了，找到真愛。以前者解讀較合詩意。賞讀第九期〈楊花〉。

鄰水而生
傍水而立
首次飛絮恰逢雨季
從此水性一身
時時期待春風
舞出弄姿的嫵媚
不管流水有情無情
愛上倒映水中的自憐
甘心浪漫波間
沉浮蕩漾
遺忘最初的純白
殷殷花開
飛散成輕漂的漪漣
只為幻想
有一季新鮮的

春

在我們中國傳統詩歌文學裡，有一種動物、一種植物被嚴重「污名化」，乃至給了一頂「莫須有」的罪名。動物是烏鴉，植物是楊花。

最早的烏夜啼乃吉祥之兆，在六朝樂府中運用烏夜啼意象，如《清商曲辭‧烏夜啼》：「辭家運行去，儂歡獨離居，此日無啼音，裂帛作還書。」可見烏鴉夜啼當初本是喜兆之歌。以後慢慢演化成凶兆、愁苦、離別、孤恨，庾信、李白、杜甫等，都把烏啼作負面情緒解。

楊花也是。據聞，楊花最初是做為純潔的象徵，不知何時「變壞」，用來形容「壞女人」。動物植物都是無辜的，「鄰水而生……只為幻想／有一季新鮮的／春」，都是詩人一時的心境。

王碧儀

又見紅棉

綻放

於三月
嶺南春色　在臺北
像娉婷的少女

似開放的言論
掙脫枷鎖
抖落一身枯葉

不畏風雨
不畏凜冽春寒
擎立於羅斯福路旁
紅棉
掙脫束縛
挺拔而孤傲

〈又見紅棉〉發表在創刊號，從紅棉聯想到掙脫束縛，得到開放的言論自由，這位「娉婷少女」真是很有革命精神。紅棉「不畏風雨……挺拔而孤傲」，她應該被封「革命之花」。

當然，詩人似乎並無意以「革命精神」詮釋紅棉意涵。詩人主要在彰顯紅棉的奮戰精神，掙脫寒風的束縛而在三月綻放，「挺拔而孤傲」是叫人敬佩的。賞讀〈曇花有約〉（第三期）。

避開日間的煩囂
你似夢中的睡蓮
喜歡夜的精靈
心中的曇花
是否依然不言不語

記否
嬌羞的你
朦朧的你
顫顫地
淺露花蕊
似曾相似

你捎來初秋的訊息
回報當年知遇
又說
燕曾呢喃
燕曾歸巢
卻未言明何時？

凡以曇花為主題的詩，絕大多數以曇花生命期的瞬間一現意涵做文章，這首沒有用這個老套路。詩人把曇花當成一個老朋友，「你似夢中的睡蓮……你捎來初秋的訊息／回報當年知遇」。詩人與曇花，原來當年有一段「知遇之恩」，那是人與花之戀嗎？賞讀〈夫妻樹〉（第三期）。

那一個七夕鵲橋相會的夜晚
你和我欣賞高山的靜謐
我們相擁
使星月也纏綿
為愛譜出戀曲

忽然
星月遁去
風馳電掣
愛的歌聲迸出火花
引著了
劈劈剝剝
我們的頭髮燃燒起來
四肢俱灼傷

誰說夫妻不是同林鳥？
我們遂似火鳳凰
永遠擎立於中橫
往阿里山的路上

「我們的頭髮燃燒起來／四肢俱灼傷」，驚悚的畫面！意象鮮活而又傷感的詩句。
電雷劈了樹木，枝葉燃燒，本是自然現象，但這棵「夫妻樹」有很高知名度，是很多人（尤其走過中橫往阿里段的人），生命回憶的一部份，是有感情的，詩人乃以詩誌之。賞讀一首第九期的〈夜來香〉。

昨晚
見你羞顏含苞
今夜
你似一濃妝的少婦　輕吟著
一首寂寞的歌
將柔情刻意炫耀
為要將我的目光留住。

我不敢
對你輕狂
怕我拿得起放不下
我是喜新厭舊的
唯恐辜負你的芬芳。

上弦月亦含羞初放
訴說千里共嬋娟的故事
多情如我
像那粉蛾撲火
我怎捺得住啊！

「夜來香」很平常的詩題，但做為流行近百年的那首流行歌〈夜來香〉，不知風迷了多少人？醉迷在午夜的舞場歌廳裡，甚至人生旅程的方向也迷亂了。這樣的夜來香是有些負面的，但詩人的夜來香很健康。

詩人的夜來香是一個濃妝少婦，「輕吟著／一首寂寞的歌……訴說千里共嬋娟的故事／多情如我」。詩人也是一多情女子，把「夜來香」當成用情的對象，「像那粉蛾撲火／我怎捺得住啊！」。看來詩人也是一個勇於為愛「拚命」的人！

宋后穎

心窗

風景開闊了視野
視野凝聚住景觀

在景觀與視野之間
一再尋覓屬於自我的形象天地

流光穿梭於風景與自我之間
始終跨不出既定的框架
而美是透過距離的感應
——沒有距離
風景不再是美感的凝聚

「欲得必捨　有捨方得」

回首——
推開心中的架設
拂去層層重重陰霾

驚喜中
心窗頓開

天地一如詩畫
萬里無雲

想必人人心中有一扇「窗」，只是有的長關，而有的長開，或開開關關，隨境而變，乃至有的常被烏雲遮蓋。因此每個人透過自己的「心窗」看世界，都是不同顏色的景觀。

〈心窗〉一詩寫的是詩人追尋自我形像的過程。我等皆凡人，知識和智慧不會從天上掉入你腦袋，都是「流光穿梭於風景與自我之間」，努力學習領會，最後才可能頓悟到「萬里無雲」，把人生的高度和境界都提到最高。

「因為距離、才有美感」、「欲得必捨、有捨乃得」。相信這就是詩人心窗頓悟後，感覺一眼望出，萬里無雲的心境。第十期〈蘆溝橋上〉。

蘆溝橋從歷史裡走來
是那樣真實。卻無從幻想
那血淋淋的屠殺，戰爭的慘烈
一如浮光掠影片段的剪輯
那隆隆的砲火——也僅僅是

傳說中的故事
戰爭是屬教科書上的簡答題
仇恨是屬另一代糾葛的陰影

輕撫蒼老斑駁的石獅子
在卻道天涼好個秋的九月
走馬觀光地打橋上走過
夕陽如血
映照著那仍然撫不平
歷史的傷口

「夕陽如血／映照著那仍然撫不平／歷史的傷口」。不僅是歷史之傷，更是代代中國人之殤，中華民族之殤，宋后穎定也是一位熱血中華兒女，才有如是感傷！

說到這「小日本鬼子」，我在所有著作中都叫牠們倭國，是地球上不該存在的劣種，遲早必亡於大地震、大火山爆發。許多影片、網路流傳「日本沈沒」，這不是虛構，而是有科學根據，早晚必發生的事，天欲亡之！

筆者也在數十本著作中，大力宣傳在二十一世紀中葉前，消滅倭國是中國人的天命天職天責，以核武為最佳選項，迅速而不久拖。事後，收該列島為中國之一省，這不過是我國元朝未完之使命。賞讀第六期〈盆景〉。

昨宵雨露遍濕
兀立雨中，悠然綻放
今晨陽光絢麗
伸出盤虬已久的雙臂
迎向晴空

盆中的狹隘
阻隔不了枝葉的攀越
花開花落
憑添盎然生趣

而旁觀及羨賞者的駐足
皆如雲煙匆匆
不留雪泥鴻爪

身為盆景，居於溫室，也許不愁吃穿，但自由受限，是幸或不幸，詩人道出了好壞。至於吸引觀者眼神都只在一瞬間，「皆如雲煙匆匆／不留雪泥鴻爪」，也是感傷！似乎也暗示人生「船過水無痕」，一切都是夢幻泡影。在第五期有一首〈春〉很生動。

是誰
吻醒了
冬眠的眼睛
從悠悠的沈睡
亮起生機無限

是誰
染綠了
枯萎的白髮
把希望與茁長
漫起滿眼繽紛

這首詩寫的真好，春天來了，詩人故意設問「是誰／吻醒了／冬眠……亮起生機無限」。「是誰」讓人想到某人，「吻醒」讓人想到性愛的活力，春天是愛的季節，生命有了新生代。

接著，春天也神奇，可以「染綠了／枯萎的白髮……漫起滿眼繽紛」。「枯萎的白髮」是冬雪的意象，也是老人的形像，但春天來了使人白髮變綠，這是「回春」。象徵有「春天」，可使老人回春，神啊！

晶晶

秋訊

在季節與季節的追逐中
風風雨雨接二連三
夏　突然跌落　成為
一束淡去的記憶

才安居了幾十年的土地
這早來的秋訊
如一種揮不去的憂鬱
正在渺渺無際的空間
悄然瀰漫

於是
我感到了你的心意
無論如何
總是要走向冰冷的
另一個季節

「秋訊」（第三期）頗為感傷，好像人生已走到秋天。第一段季節間用「追逐」，顯得活潑有朝氣，但突然夏天「跌落」，很快到了秋天。「如一種揮不去的憂鬱……」這是中年危機嗎？

感傷的是第三段，「無論如何／總是要走向冰冷的／另一個季節」。這是大自然的冬天？或是人生的冬天？或是到終點站臨時要居住的「冰屋」？賞讀〈詩人〉（第三期）。

慣於把某種不成熟亦不成形的
悸動　丟進
心靈的煉爐
一如把高粱倒入酒甑
去發酵　蒸餾
釀出來的　往往是
自認為可口的瓊漿

執著　是一盞不熄的燈
傻傻的點著
痴痴的亮著
而青春是大把大把
廉價的柴薪
苦熬滴滴心血
嘔瀝出來的卻是
一種風格　一片景致以及
一身傲骨

〈詩人〉寫到古今中外身為詩人者，都有的一種很普遍的共同心態，就是「苦思熬煉」。為什麼作詩要「苦思」？李白說：「借問別來太瘦生，總為從前作詩苦。」杜甫則說：「語不驚人死不休」，苦思乃成為後世詩人作家創作之風氣。古人「至難至險之中，才能採得奇句」，苦思之、熬煉之，為追求純粹藝術。

至於詩人是否「一身傲骨」，吾以為因人而異，越是接近聖賢的人越是謙虛。但詩壇文壇，與政壇、教壇、商壇……乃至神壇，都是有各種善惡正邪等各種角色，每個壇都有狂人目空一切，詩壇也是，那是傲骨嗎？賞讀〈夢回〉（第六期）。

重返老屋
遠去的歲月迎我
愛的餘燼
處處散發著
煦煦溫馨
壁上慈顏
廊前身影
都是咀嚼不盡的情景

夜空的星子閃爍
是你重複的叮嚀
依偎膝下
今生再也難求
我已無依
但願有夢
乘夢而去
追尋最初的記憶
把你還給我
把你還給我

一九九五年三月二日
寫於母親故世十週年

大概幾年前，晶晶姊也走了，一代人一代人都走了，雖是自然法則，千百萬年來皆如是，但認識的人走了，總是感傷。尤其這首詩是詩人懷念自己的母親，意境真切，也讓讀者也想念自己的媽媽。

「重返老屋／遠去的歲月迎我／愛的餘燼……」相信很多人都有這種感受。到了一定年紀，尤其到了接近老人（六十多），更想再回一次老家，看看父母祖居地，總是幾分心酸。「但願有夢／乘夢而去……」一切都只能在夢中，醒來時尚有未乾的清淚！

第九篇《三月詩會》詩壇上的無政府組織

《三月詩會》是台灣地區新詩壇上的「無政府組織，不組社不出刊物，沒有組織架構也沒有領導。只有輪值召集人，每月一聚詩酒合一，大約每兩年出版一本同仁詩選集。

《三月詩會》創始於一九九三年（民82），至今（二〇二二）快三十年了，仍正常運作，比很多有組織的詩社更長命。筆為為留住這個詩會的全部歷史，留住「一個即將消失的舊時代詩人群像」，先後「深挖」該會和詩人，由台北文史哲出版四本書：

《三月詩會》研究：春秋大業十八年（二〇一〇年十二月）

《三月詩會》二十年別集（二〇一二年六月）

把腳印典藏在雲端：三月詩會詩人手稿詩（二〇一四年二月）

留住末代書寫的身影：三月詩會詩人往來書簡存集（二〇一四年八月）

《三月詩會》到底有哪些成員？三十年來變動很大，以下選三個時段觀其成員：（可詳見《三月詩會研究》和《把腳印典藏在雲端》二書。

一九九三年創會時成員：林紹梅、田湜、王幻、文曉村、藍雲、張朗、劉菲、謝輝煌、晶晶、邱平、麥穗。共十一人。

二〇〇八年元月：雪飛、蔡信昌、關雲、晶晶、林恭祖、徐世澤、潘皓、傅予、一信、謝輝煌、金筑、麥穗、童佑華、林靜助、許運超、陳福成（筆者）、王幻、文林。共十八人。

二〇一四年二月：雪飛、王幻、丁潁、潘皓、徐世澤、金筑、麥穗、謝輝煌、晶晶、童佑華、一信、蔡信昌、文林、關雲、台客、陳福成（筆者）、狼跋、傅予、俊歌、采言。共二十人。

本篇欣賞：林紹梅、蔡信昌、文林、狼跋、采言、傅予、俊歌、陳福成等各家作品。（其他成員在前述各詩刊已出場，不多重複述之）

林紹梅

林紹梅，一九二二年生，福建仙遊人，曾任公職四十年。從現存史料看，林紹梅是《三月詩會》最早的推手，他最積極推動創會，若無他，詩會無從誕生。

林紹梅著有八種詩集：《青春曲》、《變調之歌》、《馳騁的夢》、《寂寞的魚》、《書桌上的太陽》、《會歌唱的花》、《朦朧的繁華》、《心靈風景》。欣賞他的詩，〈三月的思念〉。

春雨酸化為
鄉愁後
繁花綻放的
都是思念

猛回首
頓覺歲月
竟是殘酷的

關懷
思念在
風中碎了
三月
已是暮春
繁花依然
有一次
留戀的嫵媚

一九九三年三月二十四日於新店市

轉引陳福成，《三月詩會研究》（文史哲，二〇一〇年十二月）

這首小詩而意境很高，詞句簡潔而意涵豐富，讀起來詩意很感傷。本來「春雨」使新生命成長，如今酸化成鄉愁；春日繁花似錦，卻綻放成思念，怎不叫人感傷！

無情的歲月壓得人快不能呼吸了！成了「殘酷的關懷」，思念也在風中碎了，這是「心碎」。幸好三月的繁花「有一次／留戀的嫵媚」，總算使心情「回春」。賞讀〈思念的橋〉。

兄弟鬩牆
所有的橋　都
昏昏欲睡

而淚珠
串聯成橋
過橋的人卻還在
兩岸妞妮作態

岸邊有人喊道：
握手言歡吧
別等待
蘆溝橋的
第二度砲聲

錄自《谷風》詩報第八期，一九九五年八月廿五日

可敬可佩啊！這位前輩詩人林紹梅，憂國家民族之分裂，憂倭國（小日本鬼子）又在蘆溝橋搞事。這當然只是詩人憂心，說實在的，美帝衰落成定局，沒了美爸當靠山，未來二百年內，小倭鬼子會乖的如一隻北京狗。

兄弟鬩橋，是哪個兄弟？不就是國民黨和共產黨，或是介石兄和潤之兄，甚至雙方陣營、兩岸同胞都是。兄弟打架死了多少人？光是最後三大戰役（遼瀋、徐蚌、平津），雙方戰死最少二百萬人，更有很多冤死的。若算入國共內戰，軍民傷亡不知幾千萬，真是罪過！

一九九五年時，兩岸尚有「淚珠串成的橋」。如今（二〇二二年），所有的橋都被毀了！這些中華民族的敗家妖女魔男，企圖另立乾坤，製造民族永久分裂，永遠都沒機會。

隨著中國的崛起，美帝衰落，一百多年前中山先生說「廿一世紀是中國人的世界」。這個「中國夢」已在我眼前呈現，台灣敢獨立嗎？美帝敢出兵嗎？敢動一下就是製造武統時機，不是嗎？不信者往下看！

俊歌

俊歌（本名吳元俊）。有台灣大學主任教官退休（伍）背景，又常在詩壇活動，發表一些作品，我所知道就只有老大哥曹介直（藍星詩社早期成員）。另二位就是俊歌和筆者，我們大約同時在台大，同年進升主任教官，俊歌在法學院，我則夜間部主任教官（兼文學院）。

俊歌熱愛週遊列國、四海為家、浪跡天涯，這是他的最愛。所以，祖國大陸各省市，數千城鎮，數不盡國之重寶等，有許多皆已被他親眼所見，收錄典藏在心中，寫詩時顯露一些。如這首〈馬拉松、詩會〉。

遠遊歸來
為了這場盛宴
考驗人生
是否
年華未老，夢想仍在

在路上

許多的身影
飛揚的超越，也被超越
看到綿延傳承的
希望與未來

你會走，我也曾經年輕
每場馬拉松、詩會
不計快慢
不比前後
不評好壞
能參與
就是幸福

民國一〇一年十二月一日　於三月詩會

錄自陳福成，《把腳印典藏在雲端》，文史哲二〇一四年二月。

俊歌於二〇一二年以四十天時間，浪跡祖國滇川兩省，十足的現代徐霞客。遠行歸來，趕上參加台灣大學校園馬拉松大賽，還有三月詩會（每月第一個週六中午），有感而作，感恩眾緣。

運動充滿活力，詩會增加情趣，這是五十多歲的俊歌，不論何時看到他，都是精力十足。他是我們一群老友的好榜樣，賞讀〈相對情緣〉。

她常叫他——笨蛋
他總是說——妳聰明
久了
終於明白
聰明——老是嫁給笨蛋
笨蛋——經常娶到聰明
笨蛋與聰明
相對有緣
互補不足
到底
誰是聰明

壬辰年初冬：錄自陳福成《把腳印典藏在雲端》，
文史哲，二〇一四年二月。

這是俊歌夫妻間的情話，倆口子伉儷情深，打情罵俏，增加生活情調。俊歌也愛爬高山，我和他曾隨台大登山會，登過玉山、大霸、雪山、三叉、向陽、嘉明湖等，台灣百岳中之二十岳以上，留下許多回憶。

俊歌今生有三願：㈠隨緣濟世、助人為樂㈡遊山玩水、知足常樂；㈢品嘗美食，自得其樂。與你同樂，與眾分享，這是多麼健康的人生觀。

在俊歌的引領下，筆者與另一好友吳信義（著名作家、台大主任教官退休），三人一同皈依在星雲大師座下，也常一起參加佛光山活動。如今，黃昏路上三人同行（又加一個文史哲出版社老闆彭正雄先生），四人常在彭府小聚，品茶會、論詩道，真是黃昏最美的風景！（之後人數增加，成立六加四小圈圈。）

采　言

比生命還長的一首詩

何時方能寫就
千古傳唱的　那首詩
這是我的心願

也是我的夢想

它必須　有真情
它必須　有畫意
無須　美麗的詞藻
更無須　過多的修飾

用人生　去揮灑
以愛心　來灌溉
耕一畝　良善美田
傳承至　千秋萬世

二〇一二年十二月八日。台北

采言（本名游麗玲、牙科醫師），與妹妹狼跋（本名游秀治、公職），是三月詩會唯一年輕漂亮的姊妹花詩人。二人青春正茂，與其他都是「元老級」詩人，形成強烈對比，姊妹有志於學詩，可敬！

寫一首「比生命還長的詩」，流傳千秋萬世，是所有詩人的心願。這樣的作品必須合乎自然之道，並含富真性情，這說來容易，行之困難。

光是「自然」二字，到底「任其自然」或「苦思自然」，就已經難倒天底所有的詩人，詩論家更有各種派別論戰。采言這首「言志」詩述其真情，願她能寫出傳世之作。賞讀〈「屈原」再世〉。

當「鄉愿」成為
台灣的普世價值
誰敢說真話？
又有誰敢自稱正直

汨羅江的水悠悠
「屈原」的魂魄
載不動那歷史的
重

無奈的看著

二十一世紀的台灣
仍舊在歷史的業障中
沉淪
濁水溪的水漫漫
「屈原」的孤獨
擔不住這現實的
輕

二〇一三年十月二日　台北藝牙軒

采言這首詩寫的極好，我寫了一篇賞析發表在《華文現代詩》創刊號（二〇一四年五月）。第一、形式結構都完整，空間場景從台灣↓大陸↓台灣↓文化中國意涵，詩中有畫，畫中有詩。

第二、時間從二千多年前的屈原時代，拉到廿一世紀的現代，隨著空間位移，引領讀者走入歷史長河，思考詩中問題，乃至現在兩岸問題。第三是詩的重要內涵，質疑今之台灣又如當年楚國之沈淪，這難道就是「歷史業障」嗎？

「載不動那歷史的／重」和「擔不住這現實的／輕」，形式上產生落差的相對美感，增強了與讀者的共鳴。從采言寫這首詩時台灣之沈淪，至今只過了九年，小島已十足成了台獨，不知她又寫出如何批判的詩？

狼跋

不倫劫

子女劫

爸爸媽媽，你們不是最愛我嗎？
為何燒炭跳海要帶著我？
你們是我的親生父母嗎？
可不可以放過我？

父母劫

孩子　是你嗎？
當刀子刺進我身體時
眼前浮現你 Baby 時的純真

為何變醜陋？只因不給錢
對你的溺愛，錯了嗎？

手足劫

從小一起玩大的兄弟
只為家產　何苦動刀動槍？
老哥我雖已老
卻非因老病離世
而是　葬送你手

二〇一二年八月四日

錄自陳福成《把腳印典藏在雲端》，文史哲，二〇一四年二月。

狼跋寫的是台灣社會的常態嗎？這個社會是被咒詛了嗎？為何這種事已到了天天發生的境界，那些政客才不管這些。追尋造成這種「不倫社會」，根因就是台獨許多「不倫」政策引起，如同婚、如一夫一妻違法，台灣的司法沈淪，政治人物不倫之爭等做了壞榜樣。不知這個鬼地方要沈淪到何時？賞讀〈思念如雲〉。

思念如雲
瞬間
襲上心頭
塞住胸口　難以呼吸
任憑往事
歷歷浮現

似汝心
濃情時如積雲
化不開
幸福洋溢滿杯
剎時情變
烏雲罩頂
天崩地裂
心痛欲碎

如今回首

若浮雲掠過
心已止水
偶然憶起
卻已
雲散風清

二○一二年八月十四日。三月詩會

人的成長過程很奇妙（或奇怪），每個年齡階段對感情的看法和處理態度，可以說都有極大不同，甚至自己也懷疑自己是不是變了。確實，人會變，而且變得很快，給一個好聽的詞彙叫「成長」。

二十多歲時你碰到「情變」，你可能「天崩地裂」，快要發神經，要去跳太平洋，兩個月都「烏雲罩頂」。更嚴重是毀了一生（對方或自己），但到中年，重新檢視這種問題，如這詩「若浮雲掠過……雲散風清」。

蔡信昌

蔡信昌，一九四四年生於台灣省雲林縣北港，他的專長在繪畫，是個著名的畫家，曾是大陸齊齊哈爾大學客座教授，在海內外舉行過很多畫展。但他也有心學新詩，在三月詩會出席率很高。

信昌兄人很「古意」，平時也是「電電」的，他一輩子堅持不賣掉自己的畫作，說最後想成立一個展覽館，專典藏自己作品。這可能只是「詩語言」，欣賞他的詩吧！民國一〇一年七月他在三月詩會有〈夢境小品〉四小節（詳見《三月詩會研究》一書），其第一節：

耳邊鶯鶯燕燕
張開眼
成群美女
圍繞嘻笑著
搜尋著　沒
疑思間
一陣雲煙　化了（ㄌㄧㄠˇ）

這是夢境嗎？定是「日有所思、夜有所夢」。信昌兄是有血有淚有情的男兒，哪有不想美女！想著四週鶯鶯燕燕，來投懷送抱！豈不好妙！乃有夢焉。接下來，看第二小節：

騰空千山飛越
忽停格
詩城仙樂
韻語來詩言
獨飲著　唱
尋思間
一陣風吹　化了（ㄌㄧㄠˇ）

人生如夢！只有在夢中才能飛越千山，好像去到了神州仙境，見聞詩城仙樂。「尋思間／一陣風吹　化了」，分明在說「一切有為法、如夢幻泡影」，人生最後如一陣風吹過，什麼也不見了。再看第三小節：

佳餚美食滿桌
享用時
香醇欲醉
杯吟談笑間
搜尋著　　沒
伊人啊
一陣酒香　飛了（ㄌㄧㄠˇ）

這裡說的人生的物質享受，物欲之滿足，醇酒美人享用不盡，只差沒有「酒池肉林」。然而，「香醇欲醉／杯吟笑談間……一陣酒香　飛了」飛了（ㄌㄧㄠˇ）！不見了！這欲望人生也成了過眼雲煙，飛灰煙滅！再看第四小節：

登頂凌雲壯志
一時間
風靡世界
談笑吟清風
迴尋著　　沒

詩人啊
一陣狂雨　花了（ㄌㄧㄠˇ）

帝王將相、總統大帝、巨商富豪、台獨巨惡、妖魔寵臣、部長領導……你們登上人生的頂峰吧！然而，「迴尋著　沒／詩人啊／一陣狂雨　花了」。跌落神壇後，你是誰？阿狗阿貓阿輝？狂雨後，花了！也飛灰煙滅！如風吹過！

整個看這四節小品，詩意也很豐富，意象鮮明，體現了宇宙人生之實相。身為專業畫家，能有這樣詩作，深值為他鼓舞。

文林

文林，本名林文俊，福建人，一九四六年生。幼承庭訓，習古典文學，政大畢業後赴美密西根大學習教育，任教於中、美、泰、港各地。他自言，四十學鼓，五十學詩，加入三月詩會才固定習作。

文林擅長諷刺性短詩，言簡意賅，而意在言外。他也謙虛好學，作品越來越受詩會同仁讚賞。賞讀一首〈如果是真的〉。

主席的手
吸取全場的眼光
即將揭曉
最優秀詩人

剎那間
爆出滿堂的掌聲
我的名字
蹦出主席的嘴

取代主席的手
是我的臉
眾人的驚訝
給我更多驚喜

上台領獎的召喚
提醒我一振雙臂

撥開四週的恭喜
迎向桂冠的光輝

砰然一聲
伴著老妻憤怒的質問
你把鬧鐘打下床
為什麼還揮我一拳

錄自陳福成《三月詩會研究》，文史哲出版社，二〇一〇年十二月。

很成功的一首詼諧、自我嘲諷的作品。從第一段開始鋪陳氣氛，越來越引人入勝，如正式的頒獎典禮，上台領獎達到「高潮」。突然最後兩行，揭開真相，瞬間高峰跌入谷底，產生強烈的落差美感。

文林自參加三月詩會，勤於創作，出席率也很高，可排名前端。（可詳見《三月詩會研究》一書，他作品口語化，自嘲「白派」（淺白也），但很有深意，會心一笑。再賞讀一首〈打仗有理〉。

出兵
為了通商
就有了鴉片戰爭
出兵
為了傳教
就有了英法聯軍
出兵
為了保僑
就有了八國聯軍
出兵
為了進出中國
就有了八年抗戰
我們也想出兵
保釣
保南沙
行嗎

文林以身為中國人、中華民族的一員為榮，炎黃子孫的中華好兒女。因此，對近百多年來我們中國人受到的外患欺壓，他永銘於心，至今依然感同身受！啊！詩人，可敬可佩！

如今西方白人帝國驚恐、害怕！為何？二百年前拿破崙警告：「千萬不要吵醒了東方睡獅，讓他們睡吧！」白人帝國的惡夢到了，因為睡獅醒了。那「八獸聯軍」又想來撈好處，在我南海造勢，詩人急欲出兵。其實，習近平主席早已出兵，詩人就放心寫詩吧！

傅予

傅予，本名傅家琛，福建省林森人，出生年代不詳。他曾任公職四十年，曾是《葡萄園》和《乾坤》詩刊同仁。但他說，現在只想放空自己，尋找一個陌生的「我」，探索未知領域吧！

至於詩嗎？他說是生命中的維他命，也是嗎啡！他出版有詩集《尋夢曲》、《生命的樂章》、《傅予短詩選》等。賞讀他的詩，〈槍變〉。

槍聲一響
不是響在起跑點上

而是響在終點線的前一碼上
也響在敵營的熄燈號上

槍聲一響
不是響在起跑點上
而是響在一個人的肚皮上
也響在另一個人的腳跟上

槍聲一響
百米的田徑賽，變成了
流血的拔河賽
在偽總統府前，在中正紀念堂上
人民在看一場歷史上槍變的越野賽

寫於二〇〇四年「三一九」槍變之後

二〇〇四年「三一九」槍擊作弊案，已經過了快二十年，大家仍不知道真相。

各方雖有調查，但可能都不敢去「碰」真相，李倡鈺也只是做到一筆大生意，國內調查也只是形式。「三一九」已成歷史懸案，永遠不可能真破案，因為這是很高明的「瞞天過海」之計，「天」都被瞞住了，何況人的眼睛！賞讀〈詩宴〉。

每人一道菜
不是雞鴨魚肉，而是
生命在風花雪月旅途中的吟唱

每人一首菜
不是山珍海味，而是
人生在悲歡離合攪拌中的一個大拼盤

每人一道菜
不是有媽媽的味道，而是
心靈邂逅繆斯片刻的凝眸

附註：本〈詩宴〉，是應同仁福成兄要編撰《三月詩會研究——春秋大業十八年》一書，特提供創會十八年來的一道小菜，供大家品賞。

這是三月詩會創會第十八年，筆者所進行的一項建史工程。回首前塵，第一代的創會元老十一人（林紹梅、田湜、王幻、文曉村、藍雲、張朗、劉菲、謝輝煌、晶晶、邱平、麥穗）。幾乎都已取得西方極樂國簽證，前往報到，永享清福。據聞，尚未去報到者，也已不方便出門，未在詩壇活動出現！

一代一代的人都走了，這是自然法則。但當自己也走到黃昏景像，卻仍有幾分失落。因為這個世界、社會、人物，感覺越來越不屬於你，想要找個可以「取暖」的地方，只剩幾個文友，大家小聚茶酒話蒼桑！

陳福成

陳福成（一九五二——），出生在台灣省台中縣，祖籍四川省成都市。陸軍官校四十四期畢業，三軍大學八十二年班，復興崗政研所碩士，在野戰部隊十九年歷任各職，於民國八十三年轉台灣大學教官，八十八年二月以主任教官職退休（伍）（提早五年退）。

我的寫作從到台灣大學開始，一九九五的「閏八月危機」前夜，我連續出版《決戰閏八月》和《防衛大台灣》二書。吃到了「甜頭」，竟寫作上癮，一發不可收拾寫到本書已是第一百五十多本，內容含蓋文、史、哲、政、軍、經、心、宗教、科幻……

接觸民間的詩社、詩會都是離開野戰部隊後，到了台灣大學才有的活動。但從學生時代就已經常在校刊發表新詩，也等於是寫了一輩子，只是難有經典之作，大約就是寫寫感想，抒發情緒或言志等。

要怎樣介紹自己的作品，文人雅士有個臭毛病，總以為「天下文章自己的最好」，但各行各業也有潛規則，不能投手兼裁判，這是「行規」要遵守。所以，筆者僅陳列三首詩於後，好壞就由讀者公評。

兵馬，絕非俑

萬千眾生都説來看兵馬俑
獨我未見俑
秦皇兵馬
絕非俑
驪駒潛行驪山千載
以潛龍之姿
引萬乘戰車

騰雲駕霧似蕭風颼起
驚詒二十世紀直穿透廿一世紀
八方風雨
都來看神駒雄風就要跨出國境
壯盛兵馬已然崛起

兵馬曾借光秦時明月
夜行軍　晝殲敵
吞六國
一統天下　中國
而後，在漢關古道追風
長駿飄過千載萬里
經三國隋唐五代宋元……明清
兵馬神靈永恆不死
也誓不成俑
只選擇在動亂分裂的年代
用浪潮般的鐵蹄實力

再一次完成統一
神州代代英雄豪傑起
個個都想爭下整座天空
為天之子
終究有驃騎兵馬
恆以其天職天命為天志
歷史絕不成灰
兵馬怎會成俑？？
將重組一支能在新世紀縱橫五洲三界
多度空間作戰兵馬
氣吞萬國
悍衛國家統一
兵馬，絕非俑

風，犯了什麼罪？

風到底犯了什麼天大的罪

為何要捕風捉影
把　風　抓來嚴刑逼打
再不承認
你是風
馬上拉去槍斃

風
又偷了誰？
幹嘛爭風　問罪
再不承認
妳是小三
到法院告妳
冤啊夫人，我哪是小三
我只是小四呀！
妳的問題要去問小五或小六
她們會告訴妳關於小七和小八的秘密

二〇一三年五月四日　三月詩會習作

把空間剝光衣服

空間橫躺而且扭曲
產生巨大的引力
吸引你，必須入侵並統一空間
但入侵之前
必須剝光空間的衣服

於是
我和空間發生一場戰役
幾回會戰
空間顫動
動，像一隻姝麗寵物
任你自黑洞中進出
戰場產生水患
起初只是口水
口水變洪水

洪水沖垮宇宙的四支大柱

過程中
我和空間都垮了
垮向對方的懷裡
剝光衣服還不滿足
接著雙雙也把皮剝了
把肉也溶了
一再從黑洞進出過程中溶解對方
浸淫在浸淫中
一再溶解、重製、解構又結構

我們經多次溶製
我已非我
空間也非空間
物質非物質
時間留在黑洞中

我們完成了終極統一
一個軀體願意被另一個軀體
任意咀嚼
而時間、空間和物質
都是一隻隻剝光衣服的姝麗寵物

註：「空間、時間和物質都是人們的錯覺。」這是愛因斯坦說的。

第十篇《大人物詩友會》一個鬆散聯盟

《大人物詩友會》，緣起於「一九九五年閏八月」危機前，筆者《決戰閏八月》和《防衛大台灣》二書，由范揚松所主持的「大人物管理顧問公司」的子公司「金台灣出版公司」出版上市。此時結識了也是著名詩人的范揚松，約同時也認識了兩位更有名的詩人，吳明興和方飛白。

「閏八月危機」後，天下又呈現太平景像。范揚松乃經常邀約我等共四位，以茶酒佐詩，並以「大人物公司」（在師大分部前）為基地，定期或不定期雅聚，談詩論道，也出版「同仁詩集」。至今二十多年來，「大人物詩友會」在自然運作中，如四季之運行不休止。

每次雅聚，除了四位詩人「大人物論詩」，也仍有其他好友參與，吳家業、陳在和、曾詩文、傅明琪、程國政……先後曾有數十位「觀眾」。一時「大人物詩友會」在詩壇傳為美談，比美「現代竹林四賢」，惟本會並無正式組織，僅以范揚松為精神領導，吳明興雅稱一個「鬆散聯盟」。確實，本會雖名鬆散，四個老友趣味相同，談詩論道各有所長，精神上有緊密的聯繫，相信更好的作品會不斷問世，成為晚霞最美的一道風景。

二〇二一年是可喜可賀的一年，本會迎來第一位入會的女詩人莊雲惠小姐，讓本會的「純雄性世界的陽氣過盛」，有一份女性的柔美。莊雲惠與我等，亦是多年老友，筆者早在二〇一五年，就已出版了《為播詩種與莊雲惠詩作初探》一書（文史哲出版社）。她的加入，使「現代竹林四賢」進化為「五賢」，未來還會再進化。

「大人物詩友會」數十年來，雖以一個「鬆散聯盟」的存在狀態，但詩人發表作品的總量和個人出版詩集，完全不亞於兩岸中國有組織的詩社詩會。未來的中國文學史會給「漂泊在神州邊陲的詩魂」一席之地，而這五賢必是這一席之地的亮點。本篇就略為欣賞五賢作品（均引《人間行旅：五位中年男女的人生壯遊》，台北：文史哲出版社，二〇二一年十二月）。

范揚松

我是因「閏八月危機」認識范揚松，他是一九五八年十月出生在台灣省新竹縣人。他從政大企管系畢業後，又拿了一個美國普來頓大學和瑞士歐大的企管博士，好幾個碩士就不在話下，可見他是一個努力上進的人。

范揚松現任大人物知識管理集團董事長、SI分享經濟平台營運長；他旗下還有聯合百科電子出版有限公司、金台灣出版社、歐大台北分校碩博士班，他也是直接負責人，真是「家大業大」。

身為一個企業體經營者，還能堅持年輕時代的初心，創作寫詩一輩子，是很可貴的情操。因為這使他的腦袋裡不是只有經商賺錢，還有詩歌文學的真善美；更使他的人生散發著一種詩人真性情的芳香。

范揚松很早寫現代詩，他的第一本詩集《俠的身世》（采風出版社，一九八〇年），就是在大學時代出版的。往後的數十年又有四本詩集出版，拿過不少詩壇大獎，如香港孔聖堂全球徵詩首獎、國軍文藝金像獎長詩組拿過兩屆金像獎等。

范揚松在企管和詩壇都有如此精彩的表現，乃成為我這支春秋筆「捕捉」的對像，先後寫了兩本「范揚松研究」專書：《嚴謹與浪漫之間：范揚松生涯轉折與文學風華》（台北：文史哲出版社，二〇一三年）、《緣來艱辛非尋常：賞讀范揚松仿古體詩稿》（台北：文史哲出版社，二〇一六年）。欣賞他的作品，〈逆旅——寫給自己的生命旅程〉。

時間的川流，紛紛，自額頭竄逃

千吠碎浪，在耳膜深處嘩嘩響起
愴惶的視線啊辨識不了地形險惡
只看見斷崖深淵，鱒魚迴游而上
原鄉旅途中，橫著重重叉路險關

逆流之下，湧起錯綜交纏的漩渦
旋轉不開亂石壘壘的疑陣，溯溪
千里，冰的零度逼迫呼——吸——聲
揮舞不懈的鰭，向驚濤湍流拍擊
沉浮一瞬間，穿越過生死的邊緣

逆流而上，水岸退在奇巖怪嶺裡
等待，擺渡的船家撐開洶洶亂流
劃破青澀投影，歲月默立兩岸
不斷浸蝕、不斷崩落軟弱的泥石
剩下陡峭嶙峋，緊緊咬住斑駁傷口

空間似乎更瘦了，窄仄甬道無盡頭
哀樂中年從深谷直奔而來，鑼鼓起落
聲聲敲打著左心房；瘖瘂的哨吶
吹響——年少的飛揚與繽紛的想像
一隻迴游的魚，吃力地喊著童——年——

二〇〇五年十月十日

范揚松的人生路線圖，有很鮮明的兩條路，一大一小。大者是他的主幹道企業經營者，身為幾家公司的負責人，所承受的壓力和每日面臨的危機挑戰，別人都難以想像。所謂「商場如戰場」，一不小心，全軍沒頂！千萬資金有去無回，危機重重！另一條是悠閒的支線，把自己的人生經歷感受，化成詩歌，是他對生命「熟悉的表達形式」。

這首〈逆旅〉應該就是他的人生主幹道路線圖的詩寫，他在兩岸企業界奮戰三十多年，有過不少凶險，曾虧過大本又起死回生。所以這首詩他引用「鱒魚迴游」的意象，形容自己逆旅奮戰的過程，「只看見斷崖深淵，鱒魚迴游而上／原鄉旅途中，橫著重重叉路險關／／……沉浮一瞬間，穿越過生死的邊緣」。這是范揚松的生命旅程，從「生死的邊緣」，攀上生命的高峰！

一九五八年的他，也即將取得「老人國」簽證。回首前塵，「哀樂中年從深谷直奔而來，鑼鼓起落／聲聲敲打……一隻迴游的魚，吃力地喊著童——年——」。為什麼？人到越老越是憶起童年，甚至想媽媽……為什麼？賞讀〈孫中山・革命行旅——赴中山大學授課并宿黑石屋〉：

——大學門內，鬱郁枝葉交織著記憶密道
將時空緊緊纏繞在亂石累累的岩層裡
天地線邊緣，懸掛著歷史的烽火炮
尚未擊發，星光在悸動中紛紛墜落
革命的步聲呀！躂躂踏響每個心房
晦澀的暗語，傳遞大好頭顱的重量
肝膽映照裡，火種搖晃而生生滅滅
在黑石屋壁爐底的灰燼，猶有溫度
被火吻遍的石頭，猶堅持一種
拒絕熔化的硬度——
（午夜夢醒，先行者的喟歎風中迴蕩

轉輾反側地想：烈士們是否安然入睡）

大學門外，黑石屋門窗向星空對話——
論辯著革命的路程與慾望的城池
在夜巴黎聒噪搖滾中相互叫囂攻訐
然後吆喝飲盡特調的流金歲月
酩酊無罪啊踩著斑駁血跡離去
高空煙火，轟隆炸向愴恍的腳步
珠江之夜，燦爛如花如胭脂異彩
我鎮靜在壁爐邊，揣摩著北伐的
旅程，火花在眼瞳裡血脈裡燃燒著
即使霜微入侵，黑石屋仍瀰漫不褪的熱……

附註：二〇一三年十二月，應中山大學總裁班年會之邀，赴廣州中山大學，與當地企業家學員三〇〇餘人在小禮堂授課，夜宿黑石屋數晚。黑石屋為孫中山的住所，小禮堂為他與宋慶齡發表演講之地，躬逢年會安排，令人緬懷歷史情景。修稿於二〇一四年三月二十日。

說起中山先生就叫我很感傷，本來在台灣的「中華民國」慶祝或紀念中山先生有關節日，是合法合理合情的。奈何台獨份子，為硬搞「去中國化」，竟將孫中山定性為「外國人」，可痛！可悲！可恨！

詩人也感傷著民國初建的歷史，「我鎮靜在壁爐邊，揣摩著北伐的／旅程，火花在眼瞳裡血脈裡燃燒著／即使霜微入侵，黑石屋仍瀰漫不褪的熱……」啊！這是孫中山的革命行旅，也仍是詩人范揚松的生命旅程。

現在可以告慰中山先生的，是他生前預示「廿一世紀是中國人的世紀」，已在這一代中國人眼前看到了。中國已然崛起，且成為世界之強國，有能力抗拒「西方白人妖獸國」的入侵，中國夢要實現了。現在剩下最後一步，兩岸完成統一，這應該很快了！

人成功出名了，各種邀約演講就如雪片飛來，范揚松是個典範。由於他企業經營成功，成為「哈佛十大企業顧問師」之一，大陸有數十城市的企業體或大學，請他演講或授課，他也寫了很多「講學詩」，舉二例：

赴山東阿波羅集團兼旅遊與諸宗長協商范蠡商聖學院
碩博研修課——范揚松敬嵌〈范蠡商聖・財散人聚〉

范祖垂統陶朱公，蠡探世變神算中；
商儒兼修三聚散，聖道長存震西東！
財阜民殷貨暢通，散金仗義皆景從；
人向高處名蓋世，聚富九洲不稱雄！

二〇一七年四月十九日歐大與范董、鄭總草成協議詩稿

杭州參加首屆區塊鏈論壇並發表專題——范揚松讚嵌〈加密聯結・群雄逐鹿〉：

加鞭快馬天下先，密計細鏤區塊鏈；
聯網分佈不磨滅，結碼記事憶萬年！
群英齊聚舞長劍，雄才馳騁浪頭尖；
逐潮犯險杭州灣，鹿死誰手敢問天！

二〇一八年四月二十九日預祝六百人峰會順利成功

數十年來，范揚松曾在神州大地許多城市授課講學，並於任務完成後短暫旅遊，乃發展出藏頭詩古體詩創作，目前已完成三千多首，為「現代藏頭詩人」。在吳明興著，《詩人范揚松論：真實生命的彰顯與回歸》一書（聯合百科出版社，二〇一四年）指出，范揚松開創了「講學詩」新領域！

范揚松已然是現代藏頭詩大師，三千多首可傲視古今。按他所述，藏頭詩先訂立詩旨，提煉出兩句八個字，分別嵌頭，再押韻腳，起承轉合中要有韻律節奏。例如禮贊《人間行旅》一書出版，以「人間行旅．詩能載道」嵌頭曰：

人歡馬叫闖邊關，間不容瞬去復還，
行遠負重不肯棄，旅羈他鄉亦遊玩！
詩腸鼓吹入雲端，能文善武幾輾轉，
載筆浮白斗詩篇，道藝深耕愛承傳。

現在楊松作詩，信手拈來，自然天成。二〇二二年春節之際，他作一詩來禮贊筆者如下：

范揚松讚嵌：春秋椽筆・軍魂不死

春樹暮雲懷初衷，秋毫默察堪異同；
椽柱猶盼救危傾，筆墨誅伐劍如虹！
軍臨城下擊警鐘，魂入篇章誰與共？
不器隨緣難自在，死眉瞪眼試險鋒！

所謂「軍魂不死」，指一九九五年他主持的金台灣出版公司，為筆者出版了《決戰閏八月》和《防衛大台灣》二書，引起大陸關注。北京《軍事專刊》封了筆者一頂大帽子「台灣軍魂」，此後詩友常叫我台灣軍魂。

莊雲惠

莊雲惠，一九六三年（民52）十一月，出生在台灣省新竹縣，她和范揚松同列「新竹七詩人」之一。致理商專畢業後，即致力於詩畫創作，民國七十四年（22歲），以《紅遍相思》詩集榮獲全國優秀青年詩人獎。

民國七十五年參加「大自然詩畫、攝影聯展」，於台北、台東、花蓮、天祥等地展出。從此以後，詩和畫成為她人生旅程中最美的風景，是她幸福和快樂的泉源。

《紅遍相思》一書於民國七十七年由台北文史哲出版社出版，由藍海文、丁平、王祿松、文曉村四大詩壇名家提序。讓我驚訝，應該說「震撼性共鳴」，我仔細賞讀該書，發現這是一本「情詩」，不同於徐志摩的另一種風格典型。徐志摩的情詩是徹底的「野、媚、俏」，可以徹底的「顛覆」女人！「降服」女人，不信的女生可以去讀幾首徐志摩的情詩！

而莊雲惠在《紅遍相思》所體現的情詩意境，則是徹底的「浪漫、典雅、唯美、深情」；專心欣賞，可使任何男性「對號入座」，進入愛的理想國，使女生大興醋意。不信我言的人，可以去讀讀《紅遍相思》一書。

我注意到詩壇一個現象，男性詩人出版情詩集的不少，但女詩人出版情詩集則極少。莊雲惠是我所讀所見的第一位，其他沒有（可能有而我不知）。

從二十二歲的《紅遍相思》，到《人間行旅：五位中年男女的人生壯遊》裡莊雲惠的作品，她寫的依然是「情」，依然是「浪漫、典雅、唯美」，只是情意已沉澱至淡淨。這應該和五十九歲年齡有關，欣賞幾首，〈偕行曲〉。

與你偕行
是詩
是歌

是向晚的一抹霞彩
　暗夜的一縷清輝

與你偕行
是夢
是願
是遺失後的獲得
　飄忽時的堅定

與你偕行
是詩　是歌
是夢　是願
是莽莽紅塵中
一處靜好
是人間一回的
美麗相遇

所謂「情詩」有廣狹二義。狹義的情詩，特指表達男女愛意的詩，如這首〈偕行曲〉,「與你偕行／是詩　是歌／是夢　是願……美麗相遇」。這是給所愛的人最美的情詩，表達最真誠的願望。

廣義的情詩，可以將山河大地、自然美景、宇宙萬物當成「愛人同志」，因而有「梅妻鶴子」這樣的成語。是故，與你偕行的「你」，可以是詩、是歌、是畫，乃至是詩人最愛的旅行。賞讀〈原來還有溫度〉。

以真誠包裹的愛
被忙碌切削
攤在時間沙岸
曬成一個個無奈的嘆息

以淚水濡濕的情
被等待風乾
晾在歲月廊廡
成為一片片苦澀的回憶

月影暈染過
星光閃耀過
山巔的盟約
海湄的誓諾
一一鎖在捨不下的掌心

踩著浮沉的繾念
穿越歲月廊廡
凌涉時間沙岸
驀然看見你

挽著一籃笑朵前來
鋪展密藏的回憶
原來
還有溫度
啊，你挽著一籃心花
前來

開啓封存的從前
原來還有
溫度

「以真詩包裹的愛……以淚水濡濕的情」，都「被等待風乾」了，雖已成為過去，依然忘不了情，山盟海誓還「在捨不下的掌心」。原來，愛情的溫度仍在，尚未降溫啊！「凌涉時間沙岸／驀然看見你」，還在夢中常常看到你。

藕斷絲連的愛最是磨人，到底要「升溫」救回來，還是「降溫」做一個和平的結束？兩者都難下決心。要升溫「搶救」，不保證一定成功；要降溫結束，心中萬般不願也不捨。這首詩體現了這種愛情的兩難困局，表達得很傳神。最終詩人教你如何才能成功搶救！

搶救可能失去的戀情，或要挽回可能離異的婚姻，最有效的辦法「挽一籃心花」—誠意和善意；接著「鋪展密藏的回憶……開啟封存的從前」。重新喚醒往日兩人的甜蜜，很快就升溫，只要「溫度」在，就有機會「修成正果」。賞讀〈續愛〉。

初相遇
會心凝眸一笑

淡若清風
柔若春水
恰似久久前的熟悉

盛情如陽
暖我心扉
真情如衣
覆我身軀

膠結如陳年琥珀
纏綿如蔓延藤蘿
悠悠長情
時而寧若秋夜
陶然神醉
復而動若起波
躍然心馳

無執著　無罣礙
飄然若飛
悠然自得
凝結愛為結晶
收集美成禮讚
生命之歌
在感恩中傳唱

眾生都需要愛，年輕人渴望愛，中老人也期待有愛，愛雖然不能當飯吃，但「盛情如陽／暖我心扉／真情如衣／覆我身軀」。愛真是比吃飯重要，難怪有人為愛而活，為愛而死，也都心甘情願，無怨無悔。

但人到了一定年紀，經歷過風雨洗禮，對情愛的處理態度會比較理性，比較淡定放下。雖然「陶然神醉／復而動若起波／躍然心馳」，已然可以做到「無執著　無罣礙……生命之歌／在感恩中傳唱」。這是熟齡人的愛吧！眾生有形形色色的愛，在詩人筆下展演！

莊雲惠在《人間行旅》一書前言說：「詩，我最遠的嚮往─心神飄飄自在飛。」自詡從不到二十歲的「惠兒」（Where），再到三十歲的「遊魂」，終於找到「生命的基調」，詩、畫和旅行才是她生命的主旋律。

而寫詩，更是她最初的選擇，也是最鍾愛的表達方式。經過千迴百轉之後，詩與她的生命融為一體，成為忠實的伴侶。它或療癒傷痛，或撫慰哀愁……它是自我救贖的力量……

這是詩在莊雲惠身上產生的「神蹟」力量，在其他四位詩人身上，又產生了何種力量或功能？

吳明興

吳明興，一九五八年生於台灣省台中市。筆者在《流浪在神州邊陲的詩魂》一書介紹《詩潮社》、本書《葡萄園》篇，均已介紹過吳明興，此處再略為一說。

吳明興是早慧與上進的年輕人，空大人文學士畢業後，又取得南華大學宗研所佛學組碩士，續而攻讀佛光大學文學博士，到了壯中之年又取得湖南中醫藥大學醫學博士。現任白聖佛教學院教授。

吳明興在年輕時代就已在台灣、港澳、大陸、海外的詩刊、報紙、雜誌等至少三百多刊物，發表過三千多首現代詩。他是全台灣發表最多作品的新詩人，他早年主編《葡萄園》詩刊，開設「虹橋飛塹」，第一個引進發表大陸詩人作品。吳明興為什麼會走上現代詩之路，按他在《人間行旅》說法，和大時代背景息息相關。

在兩蔣時代由於台灣地區實施戒嚴，因反共的需要，文藝思想受到嚴格管控，那是苦悶的年代。自覺具備文藝書寫能力的人，解決苦悶心靈的出路，只有三條。

第一條是俛首當御用文人，配合政策，粉飾繁榮，鼓舞軍心，寫些統治者喜歡的東西。第二條是橫的移植，自行摧毀民族信心，斬斷老祖宗的文化根脈，寫些「用漢字組成的洋詩」，自詡為現代或超現實主義作品，逃避現實，自我麻醉，集體自瀆。

第三條是就新詩而言，探索我國文學流變史之於新文學的遞嬗源流。在深入西學的同時，立足於固有詩學傳統的精神，體現我國固有文化的包容性，展現自家詩歌文學的精神風華。

吳明興在無師自通的書寫困局中，本來只想寫散文、小說的他，在中西文化詩學長達數年的孤獨求索的路上，在舊書店看到大陸作家的新文學傳，自行苦讀，深入《詩經》傳統，廣涉西東方新舊之學，致筆路所向，只有走上第三條路。但他並非因心靈苦悶而動筆宣洩私意，而是清楚人生在當時代的特質，將自我與大時代主客環境相融後，筆諸於書。欣賞他在《人間行旅》書中輯二〈亡臺老兵的人間行旅〉的幾首詩，〈忘鄉〉。

他說謊他總是說他沒有故鄉

他堅不吐實他說他沒有籍貫
沒有故鄉就沒有惱人的鄉愁
沒有籍貫就沒有亡國的不幸

他穿著圍裙從三更忙到黯夜
在文火前默默燜著燉著熬著
在中火前默默煮著煎著蒸著
在烈火前默默爆著炒著炸著

口味偏鹹是年年舔血的記憶
口味藏澀是日日吮汗的習慣
口味入辣是夜夜垂淚的悲愴
口味微酸是時時驚魂的回味

在暑氣騰騰的壕溝裏血汗淋漓
在寒意颼颼的彈坑裏筋骨崩圮
在街巷寂寂的民居裏皮開肉綻

在陸沈的山河倭為刀俎我魚肉

長杓與鐵鍋鏗鏗鏘鏘的撞擊
那迴音恰似子彈打在鋼盔裏
敵機俯衝用槍榴礮掃射陣地
裝甲車碾碎遍野同袍的屍體

收工後的午後他不喫白米飯
他祇是默默喝酒喝著紅露酒
收工後的夜裏他不喫白米飯
他祇是兀兀喝酒喝著紅露酒

他總是坐在我面前獨自喝著紅露酒
我總默默陪他喝喝完了一瓶又一瓶
他總是坐在我面前兀自喝著紅露酒
並實話實說說他沒有故鄉沒有籍貫

一九八一年十月一日　寫於臺北

就在小蔣取得西方極樂國簽證之前，他慈悲的打開了兩岸開放之門，讓隔絕數十年的兩岸親人得以見面，甚至已逝者骨灰可以送回大陸祖居地安葬。一時間「亡台老兵的人間行旅」，成為最熱門的話題，乃至是各媒體重要的「商機」。

電影、電視連續劇、報紙、雜誌、作家、詩人，都以「亡台老兵」為故事題材，產出了很多動人的作品，相信許多人都有深刻的印象。這種作品筆者也寫了不少，甚至最近以故事詩的形式，出版了一本《芋頭史記》（台北：文史哲出版社，二〇二一年八月），也算是「亡台老兵」故事的範圍。吳明興這首〈忘鄉〉非常深刻，讓你回憶起什麼？賞讀〈江西老表〉。

你半躺在三軍總醫院病榻上望著窗外漫天連綿多日不停的寒雨
你仰頭有氣無力的説這時節不是應該下雪嗎臺北怎會不停下雨
你説這雨讓你的刀傷槍傷礮傷從入冬以來就一直痛到骨頭裏
你説蓋兩床軍毯雖然足夠溫暖就是冷汗還是讓你凍到骨髓發抖
你瑟縮著打擺醫生卻祇能持續給你換點滴並加重止痛藥的劑量
止痛藥讓你暫時不痛還是冷到無法入睡並時時在噩夢中驚起
醫生祇好加重鎮定藥量好讓你在短暫的安寧裏胡里胡塗睡去

祇是在胡里胡塗睡去時你並沒有真正睡去而是一直在胡言亂語
你突然以充滿幸福感的笑容說媽媽我回來了從此再也不離開妳
你用微弱的聲音說報告長官在前方一點鐘方向發現倭寇縱隊
然後左手開著虎口右腕上擡食指輕輕扣著槍機等待長官的命令
還沒等到長官下令開火僅僅一瞬間你的雙手就往病榻兩旁垂落

一九八一年十二月十五日　寫於臺北

國共內戰、兩岸隔絕，實在是現代中國人的大不幸，國家不幸，就是人民的災難，無數子民死於不明不白，死於荒野，無人收屍。光是大陸淪陷前的三大戰役（遼瀋、徐蚌、平津），國民黨陣營的正規軍就一百五十萬精銳被「全殲」。若加上共軍、平民……傷亡恐上看千萬，啊！千萬個媽媽哭斷腸啊！

一個「江西老表」死在三軍總醫院，他死的時候，鐵定是沒有親人在他身旁，誰為他舉行一個風光的葬禮？這鐵定也是沒有希望的。他生前不幸淪落小島，死了仍得孤獨上路，只有一個詩人為他寫了這首詩，感傷啊！賞讀一首〈絕密遺言〉。

當淚珠停在你深陷的眼窩與雙手終於同時垂落前一個月

你邊喝紅露酒邊不斷抆手扶著不斷失墜的萬緒亂髮
你不斷扶著失墜的蒼蒼白髮髣髴意欲直上九霄
你不斷扶著失墜的白髮髣髴唯恐掉進深淵
老鄉們都說那是你久年不治的老毛病
你自己說自己沒毛病祇是偏頭痛
你私下說偏頭痛其實真不痛
你偷偷說你曾經是阿共
你說你是蘇區的兵
如一旦被查出
肯定槍斃
槍斃
跰
槍斃
一槍斃命
你說沒人知道
老鄉們也都不知道
並交待千萬不要說出去

如果走漏風聲會死很多老表
你還說那些老表雖然全都是老表
但跟你之前並不相識也沒有任何關係
如果也被槍斃不祇無辜還對不起他們父母
你說那雖然是五十年前的祕密但愈老愈感痛苦
愈老愈覺得隨時隨地都會出事隨時都會被憲兵逮補
你說你已經想不清爹娘的面目也記不得回家該走那條路

一九八一年十二月十六日　寫於臺北

從民初（一九二一年七月在上海第一次全代會），國共開始大鬥爭，接著幾十年不斷兄弟鬩牆，打殺眼紅，血流成河，最後導致國家分裂，至今一百年超過了。

此期間軍民傷亡已不可計數，恐已達天文之數。戰死、餓死、冤死……各種死法無奇不有，乃至沈落江海淹死（如被稱「東方鐵達泥號」的太平輪事件）等等。各種死法之中，有一種被「秘密處死」，是悲慘中最悲慘的死流！

中共陣營抓到國民黨陣營人馬，說你是臥底的，砰、砰！槍斃！國民黨陣營抓到共黨陣營人馬，也說你是臥底的，砰、砰！也是槍斃！啊！無數這樣冤死的，死後冤魂還無處去，雙方陣營不承認！慘啊！

更慘的是後遺症很可怕，這些冤死的後代逃亡國外，向西方帝國靠攏，藉西方白人帝國之力向自己的祖國展開無休止的「復仇行動」。（如現在美國總統拜登不斷對中國進行政治攻擊、制壓，背後設計者是戴琪，她是戴笠後人，有親人被中共槍斃了！）

我一直以為（也曾經建議過），國共鬥爭這一百年來，類似這樣冤死的，不論哪一陣營，中共應以國家名義進行平反。目前只有共黨執政的中國有能力做平反工作，國民黨在台灣已是自身難保！

筆者研究中國歷史，中華民國在台灣與明末鄭氏在台（南明）、三國蜀漢，三個政權類似：(一)明知不可為而為，不為亡的更快；(二)以弱勢示強於敵，虛張聲勢，鼓舞民心；(三)第一代強人結束後，都想另立乾坤。但最終很快被統一，這是中國歷史的規律。

方飛白

方飛白，本名方清滿，台灣省澎湖縣人，一九五八年生於雲林縣虎尾鎮。初入政大歷史系，再轉政大東語系阿文組畢業。因為學用的關係，他在沙烏地阿拉伯工作數十年，乃有機會週遊阿拉伯世界各國，他的詩歌作品也就充滿著「阿拉伯風」，一輩子做著「阿拉伯夢」。

「詩是我生命的註解」，這是方飛白愛詩寫詩，成為詩人最根本的原因。「我寫詩是為了記錄我生命長河的諸種風光景緻，以留下宇宙間一粒微塵的短暫歷史，而關於永恆，似乎只有上帝與魔鬼才有資格去辯證。」他自稱「一粒微塵」，真是一個謙虛的詩人。據說，人的肚裡貨越多越謙虛，肚中無貨者多狂徒，這樣說來飛白兄肚裡的貨可多多呢！

一九九五年他從中鼎退休後，又到中國大陸和柬普寨工作與旅遊多年。他對古文明情有獨鍾，如古埃及、古印度、古中國、古巴比倫、古柬普寨（真臘帝國）等，都花很多時間親往考察，以詩歌加以記錄，這是他生命中的「絕代風華」。

為註解並記錄他的生命長河，至今他出版過四本詩集：《青春路歸何處》（一九八三年）、《紅海飄泊紅玫瑰》（一九八五年）、《阿拉伯的天空》（一九八八年）、《黑色情話》（一九九四年）。還有，是「大人物詩友會」合出的兩本詩集：《愛河流域》（二〇一五年）、《人間行旅》（二〇二一年）。

本文從《人間行旅》中〈方飛白詩選〉摘要欣賞，在〈阿拉伯沙漠玫瑰詩記〉輯有約二十首詩，欣賞一首〈永遠不死的死海〉。

一路上
炎烈如火的陽光
如閃亮的刀劍
向藍天揮舞
一路上
憂愁滿面的山脈
如送葬的行列
向死海伸展

蒼白枯黃的群山
如死海的墓碑
臉上寫著死亡

而千古以來
死海的浪濤
拍打著永不止息的回響
吟唱著永恒世代的歌聲

今日我來就山
妳便悠悠然自聖經中復活
且翠綠到我眼前

迷失的羔羊
引導牧羊人
走向開啓歷史的第一洞
牧羊人的石頭
便敲開舊約神秘的傳奇

且不論歷史真相如何?做為一首詩來欣賞，這首詩有鮮明而驚悚的詩語，如「憂愁滿面的山脈／如送葬的行列」、「蒼白枯黃的群山／如死海的墓碑」。這樣的「恐怖意象」，讓這詩讀起增加了神秘和沈重。

但事實上科學家已宣佈了死海的「死刑」。相較於一百年前，地球上處處是清澈溪流和湖泊，經百年破壞，現在九成的溪流湖泊已乾涸。按此順推，科學家預計大約三十年，即本世紀中葉前，死海將完全乾枯無水。欣賞〈黑色的浮雕〉。

傳說
有一則純黑的神話
名叫古代
妳慢慢地飄來
在孤寂的歲月中
凝固為一座浮雕
妳輕輕地微笑
在我黑亮的眼眸
神祕的輕紗之後
笑成
一朵薔薇般的夏娃

傳說
有一座遙遠的宮殿
名叫沙漠
妳慢慢地走來

在淒清的荒野間
幻化為一座浮雕
妳淡淡地微笑
在我專注的眼眸
曚矓的輕紗之後
笑成
一朵玫瑰般的海倫

曾經
為了一只紅艷的蘋果
無花果葉輕輕地飄落
伊甸的芬芳
在風暴中起落
就為了智慧
便須追尋孤獨
在神的樂園之外

為了一位艷麗的女子
火光沙塵紅紅地飛散
特洛的壯偉
在刀劍裏燦爛
就為了美麗
便須追尋殘暴
在人的鬥爭之中

而今
為了這一襲神祕的輕紗
傷神多少
只為了透視
女郎青春的面容
年少的眼眸
如多情的夕陽
凝視黃昏的海洋

黑紗
黑紗
輕輕地飄
黑色的浮雕
輕輕的搖
而無言
如千古過往的寂寥

註：阿拉伯世界，女人外出大部份一襲黑紗，有些露出雙眼，臉龐隱隱約約，增添不少神祕感。

這首詩大約是體現了阿拉伯世界的一般印象，沙漠、黑紗、神祕，讀起來有一種異世界的感覺，詩意也很豐富。可以讓人引起共鳴，感同身受，靜心的讀一回，好像自己也走了一回阿拉伯沙漠。

筆者對阿拉伯文明文化所知不多，也從未旅遊過阿拉伯各國，對世界各文明僅有初略認識。這詩中「一朵薔薇般的夏娃……一朵玫瑰般的海倫」，其中的「夏娃、海倫」都不是阿拉伯伊斯蘭所有，而是西方象徵產物，夏娃出自聖經（基督教文明）。

再者，詩句「特洛的壯偉」，是否指的是「木馬屠城記」那個特洛（特洛伊）？而之所以爆發木馬屠城，就是為爭奪美女海倫。所以，「為了一位艷麗的女子／火光沙塵紅紅地飛散／特洛的壯偉／在刀劍裡燦爛／就為了美麗／便須追尋殘暴……」正是這場戰爭的場景。

回到正史論述，「木馬屠城記」是最早的東西方之戰。西元前十三世紀，特洛伊是早期的東方殖民文化，而斯巴達是西方的希臘文明。因此，表面爭奪美女海倫，事實上是東西方文化衝擊的引爆點。

方飛白離開阿拉伯後，也到柬普寨工作旅遊很長時間。欣賞一首〈吳哥舞影〉（於巴揚寺）：

春風借來眾仙姑，君王美宴尋歡舞；
那年飛返七重天，遺憾春影留千古。

飛白兄也是個多情詩人，他有過的紅粉知己總是永銘在心，且願意為情愛付出。欣賞〈詩贈項美靜〉：

詩酒長論議江湖，玉女短笛吹相思；

帶來江南一片春，似煙似霧似有無。
蘇杭美女寫美景，浪花澎湃秀身影；
又有詩畫涵深情，似夢似幻似空靈。

確實，在現代社會想要捕住一段美麗的愛情，很稀有很不容易。大多時候是「似煙似霧似有無、似夢似幻似空靈」。難道在不婚、不戀、不生的歪風流行下，愛情都死了嗎？

一九五八年生的方飛白，也快要取得「老人國」證書，他的阿拉伯夢已遠去，而愛情之夢永不死。相信他未來的創作，依然會由愛情做為引燃的一根火柴！

陳福成

陳福成，即筆者。一九五二年出生在神州邊陲之台灣省台中縣，祖籍四川省成都市，一向自稱「生長在台灣的中國人」，「中國是我，我就是中國」。筆者在出版的每一本書封面內摺頁已有簡介，不再贅述。

關於筆者作品如何？也不能球員兼裁判。因此，僅從《人間行旅》一書列舉幾首於後，供讀者賞閱，共示「大人物詩友會」之風采，好壞好由讀者共評。

世界園藝博覽會

園區太大了
比很多國家的領土還大
超大的植物園藝世界
新世界的奇幻之美

午後，在花園的雨林中
走進外星園林
有霧自林園飄出
水聲合唱天籟之音
綠林和紅花各自站立
美姿演出

這裡的一切都在寂靜中

聽見一片落葉的道別
鳥兒以歌回應
轉一個彎
好像從熱帶園林進到寒林
那些奇花異草
天生不怕冷
雪光迎面
無數水珠在葉上一閃一閃
這是哪一個國
有蝴蝶總是迷戀著花園
在園林裡開舞展
秋風中翻飛
是兩隻真實的蝴蝶
或莊周所夢
她們相互追逐
吸引觀者目光

這是世界園藝博覽會
節目單上所沒有
世界園藝博覽會
是整個山河大地美景的縮影
一種夢境的實踐
這是中國夢吧
只有勇於織夢的民族才辦得起
如此規模的園藝理想國

我們在這園區裡擁抱美景
用平靜的激情
唱高亢的歌
歌我中華
神州大地就是自然的博覽會

長城頌

一到居庸關、八達嶺
就聽到祖靈的呼喚
炎黃老祖秦皇漢武傳話
子孫們
我們生命一定有個出口
長城活了
巨龍醒了
祖靈的回聲
保持靜肅，聽
就在二十一世紀
神龍自神州大地飛騰
飛騰於虛空
抓得住整個地球
這是祖靈的聲音
我們聽到了

長城醒了
千百年爭戰
城牆到處是傷口
千百年之殤，醒了
正在恢復中
崛起
我們開始打通龍脈
打通山河江水
五臟六腑氣血全通
進而
準備打通地球
長城醒了
長城敢於向地球鬥爭
巨龍醒了

從居庸關長城腳下走過

地平線上突然一驚
是否戰事再啓
蠻荒的天空舞台上
出現新的戰場
敵人從海上來
強大的黑鷹正展示武力
不論何時何地
不管哪個朝代
敵人都在窺視
巨龍醒了

長城醒了
貼緊神州大地
長城，就是你
你的心跳聲
驚醒了所有的眾生
連簌簌小草都聽得見

土地也聽見
但在歷史上，你
經常患呼吸中止症
你心不跳
大家的心也不跳
民族之危亡啊

命運，什麼都是命運
也太沒志氣
男兒當自強
你是中國的脊樑
你始終守護著中華民族
你是我民族的事業線
起來，站出來
向命運挑戰
不管敵人從北方來
或從海上來

吾等無懼
只用一帶一路
就把地球抱在懷裡
全球中國化

不可否認的
長城醒了
巨龍強大了
還是有不少殘磚斷瓦
跌落的磚塊
仍在地上沉睡
或被農民搬去當童養媳
古風在荒煙徘徊
枯衰的靈魂在老樹上
找不到巢
找不到家
有些龍族仍在沉睡中

有些是迷失了方向
還有些是中毒了

騰飛的巨龍
有些被光陰盜竊一空
剩下想像
有些被禁足在博物館中
供人觀賞
沉睡不醒
歷史袖手旁觀
只有找化石考證
化石也灰飛煙滅
成為一段空白

我們在城牆上散步
才幾步已然走過三千年
三千年滄桑

都堆壘在城牆上
歲月深深
都深陷在光陰紋路裡
失落的歷史
都在磚塊上
在土地下
誰來閱讀

崛起啊巨龍
再一次崛起
你的崛起是第幾次了
這回你掀起新造山運動
把龍族從安詳中喚起
閃電般抖抖身子
迎接崛起
又輪到你當地球大哥

天壇，我們也來祭天

皇帝祭天
我們平民百姓更要祭天
到天壇祭天最靈
有求必應

大家都到天壇祭天
人人所求不同
唯我無求
天不說話
我只能獨白
感覺一身輕飄飄
今人很快成古人
我會惦記
今日與天神交會的因緣

面對天神要誠實
打開孤寂的心扉
向天神説什麼
都保密
我們走過神州大地
邂逅了歷史
知道皇帝祭天求什麼
不外國泰民安、風調雨順
平民百姓求什麼
不外身體健康
再就是發點小財吧

我們走馬看花
導遊在介紹天壇的故事
大家有聽沒有到
有一個人在祈禱
像一株草低頭合十

他說了什麼
天知道
奇蹟沒有發生
今夜大家安祥入夢

懷著感恩的心情祭天
我們還能平安健康活著
據聞，地球暖化的關係
老天爺越來越不爽
變臉無常
災難越來越多
我們求天不要降災
天說：此乃人事，並非天意

狗不理包子

面對熱情冒霧
白泡泡、幼嫩嫩的情人

在你眼前
不忍咬她一口
不咬一口，心癢癢

細白的皮膚
是怎樣保養的
白了眼前的朦朧
溫暖的雪白
又有香氣飄出
吸引各方眾生
狗，已改變了態度

忍不住了，吃上一口
就是和情人接吻的感覺
閉上雙眼
含在口中，軟綿綿的她
在你嘴裡

你和她心連心
感受相同的激動
一股香氣
在二者之間散發
你不相信這只是一個包子
包子哪有這等境界

又吃了一個，再一個
四周的人讚嘆
這是誰做的包子
咬一口，又咬一口
與情人接吻
永不覺得少
吃到飄飄欲仙
說了你不相信
吃一口，才覺自己的存在
我吃，故我在

最初，狗不理
現在，狗已後悔
狗和人合作
壯大一個品牌
且穿透時空
將恆與歷史同在
與每一代的人玩
親親遊戲

天津之眼摩天輪

那是天空之眼
天老爺之眼
引領我們仰望
仰望藍天白雲
思索著
你心中的神
用天眼俯視眾生

我和眾人一同仰望
未見我心中之神

那是宇宙之眼
在晚上的時候
黑夜的天空懸著一輪宇宙的眼睛
在夜之海流動
比光速慢
晃動著
漂來一朵雲
宇宙之眼變成雲海中的幻影
一閃一閃亮晶晶
感覺航行到了銀河系

那是航天飛船
不知要航向何處
我喜歡宇宙旅行
就上了這船吧

可以伏在窗口
觀賞每座星系
遠離了藍色星球
是什麼感覺
飛到最高處
藍色星球越來越小
終於成為看不見的沙塵
從夢境回到現實
忽聞有人喊著
到站，下車了

天津之眼是天津人的夢
中國夢的小小縮影
許多觀光客的夢
凡是想織夢圓夢的
就快乘上天津的
航天飛船

陳福成著作全編總目

壹、兩岸關係

①決戰閏八月
②防衛大台灣
③解開兩岸十大弔詭
④大陸政策與兩岸關係

貳、國家安全

⑤國家安全與情治機關的弔詭
⑥國家安全與戰略關係
⑦國家安全論壇。

參、中國學四部曲

⑧中國歷代戰爭新詮
⑨中國近代黨派發展研究新詮
⑩中國政治思想新詮
⑪中國四大兵法家新詮：孫子、吳起、孫臏、孔明

肆、歷史、人類、文化、宗教、會黨

⑫神劍與屠刀
⑬中國神譜
⑭天帝教的中華文化意涵
⑮奴婢妾匪到革命家之路：復興廣播電台謝雪紅訪講錄
⑯洪門、青幫與哥老會研究

伍、詩〈現代詩、傳統詩〉、文學

⑰幻夢花開一江山
⑱赤縣行腳・神州心旅
⑲「外公」與「外婆」的詩
⑳尋找一座山
㉑春秋記實
㉒性情世界
㉓春秋詩選
㉔八方風雲性情世界
㉕古晟的誕生
㉖把腳印典藏在雲端
㉗從魯迅文學醫人魂救國魂說起
㉘六十後詩雜記詩集

陸、現代詩（詩人、詩社）研究

㉙三月詩會研究
㉚我們的春秋大業：三月詩會二十年別集
㉛中國當代平民詩人王學忠
㉜讀詩稗記
㉝嚴謹與浪漫之間
㉞一信詩學研究：解剖一隻九頭詩鵠
㉟囚徒
㊱胡爾泰現代詩臆說
㊲王學忠籲天詩錄

柒、春秋典型人物研究、遊記

㊳山西芮城劉焦智「鳳梅人」報研究
㊴在「鳳梅人」小橋上
㊵我所知道的孫大公

2015 年 9 月後新著

編號	書　名	出版社	出版時間	定價	字數(萬)	內容性質
81	一隻菜鳥的學佛初認識	文史哲	2015.09	460	12	學佛心得
82	海青青的天空	文史哲	2015.09	250	6	現代詩評
83	為播詩種與莊雲惠詩作初探	文史哲	2015.11	280	5	童詩、現代詩評
84	世界洪門歷史文化協會論壇	文史哲	2016.01	280	6	洪門活動紀錄
85	三搞統一：解剖共產黨、國民黨、民進黨怎樣搞統一	文史哲	2016.03	420	13	政治、統一
86	緣來艱辛非尋常－賞讀范揚松仿古體詩稿	文史哲	2016.04	400	9	詩、文學
87	大兵法家范蠡研究－商聖財神陶朱公傳奇	文史哲	2016.06	280	8	范蠡研究
88	典藏斷滅的文明：最後一代書寫身影的告別紀念	文史哲	2016.08	450	8	各種手稿
89	葉莎現代詩研究欣賞：靈山一朵花的美感	文史哲	2016.08	220	6	現代詩評
90	臺灣大學退休人員聯誼會第十屆理事長實記暨 2015～2016 重要事件簿	文史哲	2016.04	400	8	日記
91	我與當代中國大學圖書館的因緣	文史哲	2017.04	300	5	紀念狀
92	廣西參訪遊記（編著）	文史哲	2016.10	300	6	詩、遊記
93	中國鄉土詩人金土作品研究	文史哲	2017.12	420	11	文學研究
94	暇豫翻翻《揚子江》詩刊：蟾蜍山麓讀書瑣記	文史哲	2018.02	320	7	文學研究
95	我讀上海《海上詩刊》：中國歷史園林豫園詩話瑣記	文史哲	2018.03	320	6	文學研究
96	天帝教第二人間使命：上帝加持中國統一之努力	文史哲	2018.03	460	13	宗教
97	范蠡致富研究與學習：商聖財神之實務與操作	文史哲	2018.06	280	8	文學研究
98	光陰簡史：我的影像回憶錄現代詩集	文史哲	2018.07	360	6	詩、文學
99	光陰考古學：失落圖像考古現代詩集	文史哲	2018.08	460	7	詩、文學
100	鄭雅文現代詩之佛法衍繹	文史哲	2018.08	240	6	文學研究
101	林錫嘉現代詩賞析	文史哲	2018.08	420	10	文學研究
102	現代田園詩人許其正作品研析	文史哲	2018.08	520	12	文學研究
103	莫渝現代詩賞析	文史哲	2018.08	320	7	文學研究
104	陳寧貴現代詩研究	文史哲	2018.08	380	9	文學研究
105	曾美霞現代詩研析	文史哲	2018.08	360	7	文學研究
106	劉正偉現代詩賞析	文史哲	2018.08	400	9	文學研究
107	陳福成著作述評：他的寫作人生	文史哲	2018.08	420	9	文學研究
108	舉起文化使命的火把：彭正雄出版及交流一甲子	文史哲	2018.08	480	9	文學研究

109	我讀北京《黃埔》雜誌的筆記	文史哲	2018.10	400	9	文學研究
110	北京天津廊坊參訪紀實	文史哲	2019.12	420	8	遊記
111	觀自在綠蒂詩話：無住生詩的漂泊詩人	文史哲	2019.12	420	14	文學研究
112	中國詩歌墾拓者海青青：《牡丹園》和《中原歌壇》	文史哲	2020.06	580	6	詩、文學
113	走過這一世的證據：影像回顧現代詩集	文史哲	2020.06	580	6	詩、文學
114	這一是我們同路的證據：影像回顧現代詩題集	文史哲	2020.06	540	6	詩、文學
115	感動世界：感動三界故事詩集	文史哲	2020.06	360	4	詩、文學
116	印加最後的獨白：蟾蜍山萬盛草齋詩稿	文史哲	2020.06	400	5	詩、文學
117	台大遺境：失落圖像現代詩題集	文史哲	2020.09	580	6	詩、文學
118	中國鄉土詩人金土作品研究反響選集	文史哲	2020.10	360	4	詩、文學
119	夢幻泡影：金剛人生現代詩經	文史哲	2020.11	580	6	詩、文學
120	范蠡完勝三十六計：智謀之理論與全方位實務操作	文史哲	2020.11	880	39	戰略研究
121	我與當代中國大學圖書館的因緣（三）	文史哲	2021.01	580	6	詩、文學
122	這一世我們乘佛法行過神州大地：生身中國人的難得與光榮史詩	文史哲	2021.03	580	6	詩、文學
123	地瓜最後的獨白：陳福成長詩集	文史哲	2021.05	240	3	詩、文學
124	甘薯史記：陳福成超時空傳奇長詩劇	文史哲	2021.07	320	3	詩、文學
125	芋頭史記：陳福成科幻歷史傳奇長詩劇	文史哲	2021.08	350	3	詩、文學
126	這一世只做好一件事：為中華民族留下一筆文化公共財	文史哲	2021.09	380	6	人生記事
127	龍族魂：陳福成籲天錄詩集	文史哲	2021.09	380	6	詩、文學
128	歷史與真相	文史哲	2021.09	320	6	歷史反省
129	蔣毛最後的邂逅：陳福成中方夜譚春秋	文史哲	2021.10	300	6	科幻小說
130	大航海家鄭和：人類史上最早的慈航圖證	文史哲	2021.10	300	5	歷史
131	欣賞亞媺現代詩：懷念丁穎中國心	文史哲	2021.11	440	5	詩、文學
132	向明等八家詩讀後：被《食餘飲後集》電到	文史哲	2021.11	420	7	詩、文學
133	陳福成二〇二一年短詩集：躲進蓮藕孔洞內乘涼	文史哲	2021.12	380	3	詩、文學
134	中國新詩百年名家作品欣賞	文史哲	2022.01	460	8	新詩欣賞
135	流浪在神州邊陲的詩魂：台灣新詩人詩刊詩社	文史哲	2022.02	420	6	新詩欣賞
136	漂泊在神州邊陲的詩魂：台灣新詩人詩刊詩社	文史哲	2022.04	460	8	新詩欣賞

陳福成國防通識課程著編及其他作品

（各級學校教科書及其他）

編號	書　　　　名	出版社	教育部審定
1	國家安全概論（大學院校用）	幼　獅	民國 86 年
2	國家安全概述（高中職、專科用）	幼　獅	民國 86 年
3	國家安全概論（台灣大學專用書）	台　大	（臺大不送審）
4	軍事研究（大專院校用）（註一）	全　華	民國 95 年
5	國防通識（第一冊、高中學生用）（註二）	龍　騰	民國 94 年課程要綱
6	國防通識（第二冊、高中學生用）	龍　騰	同
7	國防通識（第三冊、高中學生用）	龍　騰	同
8	國防通識（第四冊、高中學生用）	龍　騰	同
9	國防通識（第一冊、教師專用）	龍　騰	同
10	國防通識（第二冊、教師專用）	龍　騰	同
11	國防通識（第三冊、教師專用）	龍　騰	同
12	國防通識（第四冊、教師專用）	龍　騰	同

註一　羅慶生、許競任、廖德智、秦昱華、陳福成合著，《軍事戰史》（臺北：全華圖書股份有限公司，二〇〇八年）。

註二　《國防通識》，學生課本四冊，教師專用四冊。由陳福成、李文師、李景素、頊臺民、陳國慶合著，陳福成也負責擔任主編。八冊全由龍騰文化事業股份有限公司出版。